UM PRESENTE PARA

_____

DADO POR

_____

EM

_____

Copyright © 2012 Freeman-Smith, a division of Worthy Media, Inc.
134 Franklin Road, Suite 200, Brentwood, Tennessee 37027
Todos os direitos desta obra em português pertencem à Geográfica
Editora © 2020
1ª Edição – 2020
IMPRESSO NO BRASIL

Editor responsável
Marcos Simas

Supervisão editorial
Maria Fernanda Vigon

Tradução
Daniel Guanaes

Preparação de texto
Roberto Barbosa

Revisão
João Rodrigues Ferreira
Carlos Buczynski
Nataniel dos Santos Gomes
Patricia Abbud Bussamra

Diagramação
Pedro Simas

Para qualquer comentário ou dúvida sobre este produto,
escreva para produtos@geografica.com.br

S642p   Smith, Freeman
        O plano de Deus para a sua vida: como vencer os tempos
difíceis / Freeman Smith. Traduzido por Daniel Guanaes. – Santo
André: Geográfica, 2018.

        208p. ; 12x17cm.
        ISBN 978-85-8064-242-1

        1. Livro de meditações. 2. Mensagem de Deus. 3. Palavra de
Deus. I. Título. II. Guanaes, Daniel.

CDU 242

Catalogação na publicação: Leandro Augusto dos Santos Lima   – CRB 10/1273

FREEMAN-SMITH

1ª edição

Como vencer os tempos difíceis

Geográfica editora

Santo André - SP • 2020

ÍNDICE

Introdução	7
1. O plano de Deus e os dias difíceis	9
2. Quando um velho problema faz uma visita	17
3. Nenhum problema é grande demais para Deus	23
4. Dias difíceis moldam o caráter	31
5. As lições da adversidade	37
6. Aceitando conselhos	43
7. A fé move montanhas	49
8. A atitude certa	57
9. Confiando no tempo de Deus	63
10. Peça a Deus	69
11. Fazendo as pazes com o passado	75
12. O poder da oração	81

13. A proteção de Deus 87

14. Em dias difíceis, Deus ensina e conduz 93

15. Autoestima de acordo com Deus 99

16. Guardando os seus pensamentos 107

17. Sintonize a Palavra de Deus 113

18. Não desista! 119

19. Viva com coragem e confiança 127

20. Você nunca está sozinho 135

21. Adore a Deus todos os dias 143

22. Considere as possibilidades 149

23. Fazendo o que deve ser feito agora 157

24. Focado demais nos bens materiais? 163

25. Encontrando força 169

26. A necessidade de perdoar 175

27. Hora de se ocupar 183

28. Hora de renovar 189

29. Um senso de propósito renovado 197

30. Siga Jesus 203

INTRODUÇÃO

Sabemos que Deus age em todas as coisas
para o bem daqueles que o amam, dos que foram
chamados de acordo com o seu propósito.

Romanos 8.28

A Palavra de Deus afirma que todas as coisas cooperam para o bem daqueles que o amam. Mesmo assim, às vezes nos deparamos com situações tão turbulentas, que simplesmente não conseguimos compreender como elas podem fazer parte de algum projeto de Deus para a nossa vida.

Todos nós vivemos dias difíceis: pode ser falta de dinheiro ou de saúde. Talvez seja um divórcio, a perda de um emprego ou um relacionamento desfeito. A verdade é que nos perguntamos muitas vezes se é possível superar tudo isso. Com Deus, entretanto, todas as coisas são possíveis.

A fé cristã, tal qual comunicada pelas palavras da Bíblia Sagrada, é uma fé que cura. Ela nos oferece conforto em tempos de dificuldade, coragem para os nossos medos e esperança em vez de desespero. Por meio das palavras de cura encontradas nas promessas de Deus, os cristãos acreditam que o Senhor continua a realizar o plano dele, quer nos dias bons, quer nos dias maus.

COMO VENCER OS TEMPOS DIFÍCEIS

Se você está vivendo o choque de um contratempo recente ou se ainda está sofrendo por uma perda de muito tempo atrás, saiba que este livro tem o objetivo de ajudá-lo. Portanto, nos próximos trinta dias, tente experimentar o seguinte: leia um capítulo por dia e guarde as ideias de cada um deles em seu coração. Em seguida, aplique as lições que você guardou no coração às realidades do seu dia a dia. Quando você aplica a mensagem de Deus nas demandas do seu cotidiano, rapidamente descobre que a Palavra do Senhor tem poder para mudar tudo, inclusive você.

Adversidades não existem para serem temidas, mas para serem enfrentadas e superadas. Se este livro puder ajudá-lo neste sentido, ainda que de forma mínima enquanto você atravessa os momentos difíceis da sua jornada, ele terá cumprido o seu propósito. Que Deus o abençoe e o guarde, e que ele mantenha a mão dele sobre sua vida hoje e sempre.

Capítulo 1

O PLANO DE DEUS E OS DIAS DIFÍCEIS

"Porque sou eu que conheço os planos que tenho para vocês", diz o SENHOR, "planos de fazê-los prosperar e não de causar dano, planos de dar a vocês esperança e um futuro. Então vocês clamarão a mim, virão orar a mim, e eu os ouvirei."

—

Jeremias 29.11-12

COMO VENCER OS TEMPOS DIFÍCEIS

Eis um enigma antigo: Por que Deus nos permite enfrentar tempos difíceis? Afinal de contas, se acreditamos que Deus é Todo-poderoso e que as mãos dele moldam nossa vida, por que ele simplesmente não nos resgata – a nós e aos que mais amamos – de todas as dificuldades e toda forma de dor?

A Palavra de Deus nos ensina em diversas passagens que ele nos ama e deseja o melhor para nós. Além disso, a Bíblia também ensina que Deus sempre está presente e atento. Portanto, se Deus realmente está tão preocupado com cada detalhe da nossa vida, por qual razão ele nos permite enfrentar luto, tristeza, vergonha ou medo? São as perguntas que nos fazemos. E por qual razão ele admite que circunstâncias tão trágicas invadam a vida de pessoas tão boas? Tais questionamentos nos deixam perplexos, especialmente quando os dias são difíceis.

Vez ou outra, todos nós enfrentamos adversidades, e ao longo da vida teremos que lidar com mudanças que envolvem perdas – muitas delas parecem roubar nosso ar. Quando atravessamos os vales sombrios da vida geralmente perguntamos: "Por que comigo?" Em algumas circunstâncias, é verdade, a resposta é bem óbvia. Cometemos erros e temos que lidar com as consequências deles. Em outros casos, no entanto, quando não fizemos nada de errado, nos perguntamos qual a razão de Deus permitir nosso sofrimento.

O PLANO DE DEUS E OS DIAS DIFÍCEIS

Mesmo quando não conseguimos entender os planos de Deus, precisamos confiar neles. E quando estamos impacientes por esperar que nossa situação melhore, precisamos confiar no tempo de Deus. Se desejamos viver de acordo com os planos que Deus tem para nós, então precisamos continuar a estudar sua Palavra (nos bons e nos maus momentos), e também estar atentos aos seus sinais, sabendo que em todos os momentos ele nos guiará através dos vales, até que nos leve ao topo da montanha.

> Não deixe que as circunstâncias o aflijam. Em vez disso, busque para que a vontade de Deus em sua vida seja revelada nas circunstâncias e por meio delas.
>
> —
>
> Billy Graham

Por isso, se você está passando por tempos difíceis, não desista nem ceda. Deus ainda tem planos gloriosos para você. Mantenha seus olhos e ouvidos abertos... bem como o seu coração.

COMO VENCER OS TEMPOS DIFÍCEIS

"Quem é o homem que teme o SENHOR? Ele o instruirá no caminho que deve seguir. Viverá em prosperidade, e os seus descendentes herdarão a terra."

Salmo 25.12-13

"Sabemos que Deus age em todas as coisas para o bem daqueles que o amam, dos que foram chamados segundo o seu propósito."

Romanos 8.28

"O SENHOR firma os passos de um homem, quando a conduta deste o agrada; ainda que tropece, não cairá, pois o SENHOR o toma pela mão."

Salmo 37.23-24

"Pois é Deus quem efetua em vocês tanto o querer quanto o realizar, de acordo com a boa vontade dele."

Filipenses 2.13

"Ele respondeu: 'Toda planta que meu Pai celestial não plantou será arrancada pelas raízes.'"

Mateus 15.13

ENCONTRANDO UM NOVO SENTIDO

Tempos difíceis talvez tenham virado o seu mundo de cabeça para baixo. Ou talvez você tenha a sensação de que tudo na sua vida mudou de lugar. Talvez os seus relacionamentos e responsabilidades tenham mudado drástica e permanentemente. Se essas possibilidades são verdadeiras, é possível que você tenha que lidar com a desafiadora tarefa de encontrar novo propósito para a sua vida. Saiba que Deus está disposto a ajudá-lo.

Deus tem um plano importante para a sua vida, e parte desse plano tem a ver com o tempo difícil que você está enfrentando. Afinal, você aprendeu lições importantes, ainda que a um custo alto. E certamente hoje você é mais sábio do que era ontem. Portanto, o seu sofrimento carrega um grande potencial: o potencial de fazê-lo crescer pessoalmente e de ajudar ao próximo.

Enquanto você começa a reorganizar sua vida, procure encontrar formas de usar sua experiência para beneficiar outras pessoas. Quando fizer isso, pode ter certeza de que o curso de sua recuperação vai depender de quão rapidamente você descobrir novas pessoas para ajudar e novas razões para viver. Também, ao atravessar seus tempos difíceis, esteja certo disso: como um sobrevivente, você terá

COMO VENCER OS TEMPOS DIFÍCEIS

incontáveis oportunidades de ajudar outras pessoas. Servindo outras pessoas, consequentemente, você dará glórias a Deus e sentido para as dificuldades que enfrentou.

Cada inconveniente, cada falha, cada perda pode ser transformada. O Senhor tem poder para transformar cada adversidade em "Projeto de Deus".

Mrs. Charles E. Cowman

Cada problema pode nos servir como um professor enviado por Deus.

Charles Swindoll

Esta batalha não é sua. É do Senhor!

Anônimo

Nosso amoroso Deus usa as dificuldades em nossa vida para queimar o pecado do egoísmo, fortalecer a fé e nos dar poder espiritual.

Bill Bright

Quando coisas terríveis acontecem, há duas opções a se escolher – e apenas duas: Podemos confiar em Deus ou podemos desafiá-lo; ou acreditamos que Deus é Deus, e que ele ainda tem o mundo em suas mãos e sabe exatamente o que está fazendo, ou acreditamos que ele não é Deus, e que estamos à mercê da sorte.

Elisabeth Elliot

O PLANO DE DEUS E OS DIAS DIFÍCEIS

Nos dias difíceis em sua vida, Deus ainda estará no controle. Conforte-se nesta verdade.

Marie T. Freeman

UM CONSELHO PARA OS DIAS DIFÍCEIS

Às vezes, esperar com fé pela revelação do plano de Deus é mais importante do que compreender o plano de Deus. Ruth Bell Graham certa vez disse: "Quando estou lidando com um Deus que é Todo-poderoso e onisciente, eu, mera mortal, devo oferecer minhas orações de petição não apenas com persistência, mas também com paciência. Algum dia eu saberei o porquê." Portanto, mesmo quando você não conseguir entender o plano de Deus, confie nele e nunca perca a fé!

QUESTÕES PARA REFLETIR

Será que realmente estou buscando a vontade de Deus para a minha vida ou estou apenas seguindo conforme a maré?

Já que acredito que Deus tem um plano para a minha vida, será que também creio que ele é capaz de me ajudar a enfrentar os dias difíceis e me fazer tirar algum proveito das dificuldades?

Peço a Deus que me revele os planos dele? Quando peço, ouço cuidadosamente a sua resposta?

UMA ORAÇÃO

Senhor, mesmo quando desencorajado ou com o coração pesado, eu buscarei intensamente a sua vontade para a minha vida. O Senhor tem um plano para mim, e jamais serei capaz de compreendê-lo perfeitamente. Mas o Senhor é capaz de compreendê-lo. Eu confiarei no Senhor hoje, amanhã e para sempre. Amém.

Capítulo 2

QUANDO UM VELHO PROBLEMA FAZ UMA VISITA

"Quando você atravessar as águas, eu estarei com você; quando você atravessar os rios, eles não o encobrirão. Quando você andar através do fogo, não se queimará; as chamas não o deixarão em brasas. Pois eu sou o SENHOR, o seu Deus, o Santo de Israel, o seu Salvador; dou o Egito como resgate para livrá-lo, a Etiópia e Sebá em troca de você."

—

Isaías 43.2-3

COMO VENCER OS TEMPOS DIFÍCEIS

À medida que a vida avança, nos deparamos com momentos de decepção e revés: aquelas visitas ocasionais dos Velhos Problemas são simplesmente um fato do qual nenhum de nós está livre. Quando os tempos difíceis aparecem, podemos ser forçados a reorganizar nossos planos e prioridades. No entanto, mesmo nos dias mais difíceis precisamos nos lembrar de que o amor de Deus permanece constante.

O fato de nos depararmos com adversidades não é mais importante do que a forma como escolhemos lidar com elas. Quando tempos difíceis chegam, temos que fazer uma escolha: podemos escolher a difícil tarefa de enfrentar os nossos problemas ou deixá-los para lá. Quando tomamos a coragem de encarar o Velho Problema, olhando-o nos olhos, ele parece ficar menor, até desaparecer. Mas se a nossa escolha é a de evitarmos lidar com o problema em questão, mesmo as menores perturbações encontram uma forma de se transformarem em grandes catástrofes.

Como cristãos, sabemos que Deus nos ama e que nos protegerá. Em tempos de dificuldade, ele nos confortará; em tempos de tristeza, ele enxugará as nossas lágrimas. Quando estivermos atribulados ou fracos ou cabisbaixos, Deus sempre estará ao nosso lado. Precisamos construir a nossa vida na rocha, que não pode ser jamais abalada: nós precisamos

QUANDO UM VELHO PROBLEMA FAZ UMA VISITA

confiar em Deus. E, então, poderemos continuar a lidar com o desafiador exercício de enfrentar os nossos problemas... Por que se não fizermos isso, quem fará? Quem mais deveria fazer?

"Não só isso, mas também nos gloriamos nas tribulações, porque sabemos que a tribulação produz perseverança; a perseverança, um caráter aprovado; e o caráter aprovado, esperança."

Romanos 5.3-4

"Pois me livraste da morte e os meus pés de tropeçarem, para que eu ande diante de Deus na luz que ilumina os vivos."

Salmo 56.13

"Não andem ansiosos por coisa alguma, mas em tudo, pela oração e súplicas, e com ação de graças, apresentem seus pedidos a Deus. E a paz de Deus, que excede todo o entendimento, guardará os seus corações e as suas mentes em Cristo Jesus."

Filipenses 4.6-7

QUANDO A SUA FÉ É TESTADA

A vida é uma obra de tapeçaria que mescla os bons e os maus dias. Os bons dias, no entanto, predominarão. Durante os bons dias, somos tentados a tomar as nossas bênçãos como garantidas (uma tentação que devemos

COMO VENCER OS TEMPOS DIFÍCEIS

resistir com toda a nossa força). Contudo, durante os dias de dificuldade, descobrimos exatamente do que somos feitos. E, o mais importante, descobrimos do que é feita a nossa fé.

> Se as coisas estão difíceis, lembre-se, cada flor teve que lidar com toda a poeira do solo antes de florescer.
>
> —
>
> Barbara Johnson

Sua fé já foi testada? Se já, então você sabe que com a ajuda de Deus pode enfrentar os dias mais nebulosos da vida. Mas caso ainda não tenha enfrentado os inevitáveis desafios e tragédias da vida nesta terra, não se preocupe: você ainda enfrentará. E quando sua fé for testada, descanse confiante no fato de que Deus, em sua perfeita vontade, dará a você forças para o desafio.

Uma fé que não foi testada não pode ser confirmada.

Adrian Rogers

Não é algo ruim vermos vez ou outra o chão ser abalado debaixo dos nossos pés. Isso nos dá uma sensação mais apurada da diferença entre estarmos sobre a rocha e sobre a areia. Impede-nos de ficar seguros demais por causa das circunstâncias.

Madeleine L´Engle

Como Paulo, nós devemos carregar os espinhos para descobrirmos a perfeita suficiência de Deus em nossa vida.

Beth Moore

Creio que o Criador do universo se alegra em pegar o terror e a tragédia que acompanham a vida neste mundo caído e transformá-los em algo que fortalece a nossa esperança, prova a nossa fé e revela a sua glória.

Al Green

Quando enfrentamos uma situação impossível, toda autoconfiança se esvai; nessas horas, precisamos depender totalmente de Deus para recebermos os recursos necessários.

Ane Graham Lotz

Quando os problemas ameaçam nos sufocar, precisamos fazer o que os cristãos têm feito até aqui: buscar consolo do Senhor. Como diz o Salmo 46.1: "Deus é o nosso refúgio e a nossa fortaleza, auxílio sempre presente na adversidade."

Shirley Dobson

UM CONSELHO PARA OS DIAS DIFÍCEIS

Se estiver enfrentando dias difíceis, não aperte o botão do pânico nem deixe tudo contido dentro de você. Encontre uma pessoa em quem possa confiar e converse sobre o que está acontecendo. Uma segunda opinião (ou, se precisar, uma terceira, quarta, quinta...) geralmente é muito importante.

QUESTÕES PARA REFLETIR

Quando os dias difíceis chegam, estou disposto a entregar o meu futuro nas mãos de Deus?

Estou disposto a trabalhar duro para resolver os meus problemas ou estou esperando que outras pessoas o façam por mim?

Quando enfrento as adversidades, me disponho a conversar com a minha família, amigos nos quais posso confiar ou com Deus em oração... ou permaneço recluso, guardando tudo dentro de mim?

UMA ORAÇÃO

Senhor, quando eu enfrentar os inevitáveis desapontamentos da vida, me dê perspectiva e fé. Quando eu for desencorajado, me dê forças para confiar em suas promessas e seguir a sua vontade. Então, Pai, quando eu tiver feito o meu melhor, me permita viver com a certeza de que o Senhor está firmemente no controle de tudo, e que o amor do Senhor dura para sempre. Amém.

Capítulo 3

NENHUM PROBLEMA É GRANDE DEMAIS PARA DEUS

"Existe alguma coisa impossível para o SENHOR?"

—

Gênesis 18.14

COMO VENCER OS TEMPOS DIFÍCEIS

Aqui vai uma questão: O que pode ser tão sem importância a ponto de você não precisar orar, e mesmo assim ser grande demais para que Deus possa resolver? A resposta é óbvia: "absolutamente nada." Mesmo assim, às vezes, quando os desafios do dia parecem nos pressionar demais, passamos mais tempo nos preocupando com eles do que orando a respeito deles. Sem perceber, gastamos mais energia reclamando dos problemas do que tentando resolvê-los. Uma estratégia infinitamente melhor, evidentemente, é orar como se tudo dependesse única e exclusivamente de Deus e trabalhar como se tudo dependesse única e exclusivamente de nós.

> A graça de Deus é suficiente para todas as nossas necessidades, para todos os nossos problemas e para todas as dificuldades, para cada coração ferido e para cada sofrimento humano.
>
> —
>
> Peter Marshall

A vida é um grande exercício de resolução de problemas. A pergunta não é se nós encontraremos problemas na vida, a verdadeira pergunta é como escolheremos lidar com os problemas. Quando o assunto em questão é a solução dos problemas cotidianos, geralmente sabemos o que precisa ser feito. Ainda assim, muitas vezes somos lentos ao agirmos em direção à solução – principalmente se o que precisa ser feito é difícil ou desconfortável para nós. Assim, postergamos para o amanhã aquilo que deveria ter sido feito hoje.

A Palavra de Deus, no Salmo 34, nos lembra que o Senhor resolve o problema daqueles que fazem o que é certo. Vale lembrar que, geralmente, fazer o que é certo significa ter a árdua tarefa de confrontar os nossos problemas o mais cedo possível. Por isso, sem mais delongas, comece a resolver os problemas... agora!

> # "Sejam fortes e corajosos, todos vocês que esperam no SENHOR."
>
> —
>
> Salmo 31.24

COMO VENCER OS TEMPOS DIFÍCEIS

"O justo passa por muitas adversidades, mas o SENHOR o livra de todas."

Salmo 34.19

"Pois vocês sabem que a prova da sua fé produz perseverança. E a perseverança deve ter ação completa, a fim de que vocês sejam maduros e íntegros, sem que falte a vocês coisa alguma."

Tiago 1.3-4

"Venham a mim, todos os que estão cansados e sobrecarregados, e eu darei descanso a vocês. Tomem sobre vocês o meu jugo e aprendam de mim, pois sou manso e humilde de coração, e vocês encontrarão descanso para as suas almas. Pois o meu jugo é suave e o meu fardo é leve."

Mateus 11.28-30

"Quando você atravessar as águas, eu estarei com você; quando você atravessar os rios, eles não o encobrirão. Quando você andar através do fogo, não se queimará; as chamas não o deixarão em brasas. Pois eu sou o SENHOR, o seu Deus, o Santo de Israel, o seu Salvador; dou o Egito como resgate para livrá-lo, a Etiópia e Sebá em troca de você."

Isaías 43.2-3

FAÇA ALGO HOJE

Talvez os seus problemas sejam simplesmente grandes demais para que você os resolva de uma só vez. Contudo, o fato de não conseguir resolvê-los de uma vez não significa que você não deve fazer nada. Portanto, como um favor a você mesmo e como uma forma de interromper a procrastinação, faça ainda hoje algo para tornar a sua situação melhor. Mesmo um passo pequeno na direção certa é um passo na direção certa. Dar um passo pequeno é muito, muito melhor do que não dar nenhum passo.

Compare o tamanho dos obstáculos com o tamanho de Deus.

Beth Moore

Precisamos encarar o hoje como aquilo que gerará o amanhã. Precisamos fazer com que as incertezas do tempo presente encontrem as certezas do porvir. Ao que é puro de coração, nada de tão ruim pode acontecer... nem na morte, mas apenas no pecado, deve estar o nosso grande temor.

A. W. Tozer

COMO VENCER OS TEMPOS DIFÍCEIS

Os problemas que enfrentamos com confiança podem nos ajudar a ter uma visão mais clara de Deus e da vida; uma visão cheia de paz e esperança.

Billy Graham

Deus sabe exatamente o quanto você pode suportar, e ele nunca permitirá que ultrapasse esse limite.

Barbara Johnson

Não importa quão pesado seja o fardo, nós recebemos uma porção diária de força. Por isso, não devemos nos preocupar com o que irá acontecer. Simplesmente devemos continuar seguindo adiante.

Annie Armstrong

UM CONSELHO PARA OS DIAS DIFÍCEIS

Quando o assunto em questão é a resolução de problemas, lembre-se de que o trabalho deve superar a preocupação. Não se esqueça: é melhor consertar do que murmurar.

QUESTÕES PARA REFLETIR

Quando enfrento dificuldades, eu compreendo
a importância de buscar soluções?

Já me habituei a enfrentar os problemas
o quanto antes?

Quando me deparo com dificuldades, eu
trabalho para resolver os problemas em vez de
me preocupar com eles? Ou simplesmente me
preocupo mais do que trabalho?

UMA ORAÇÃO

*Senhor, algumas vezes os meus problemas são grandes
demais para mim, mas eles nunca são grandes o
suficiente para o Senhor. Ajude-me a lançar os meus
problemas sobre o Senhor, ó Deus, e a confiar no seu
cuidado hoje e por toda a eternidade. Amém.*

Capítulo 4

DIAS DIFÍCEIS MOLDAM O CARÁTER

*"Quem anda com integridade anda com segurança,
mas quem segue veredas tortuosas será descoberto."*

—

Provérbios 10.9

COMO VENCER OS TEMPOS DIFÍCEIS

O Salmo 145 promete que "O SENHOR está perto de todos os que o invocam, de todos os que o invocam com sinceridade. Realiza os desejos daqueles que o temem; ouve-os gritar por socorro e os salva. O SENHOR cuida de todos os que o amam, mas a todos os ímpios destruirá" (vv.18-20). E as palavras de Jesus nos oferecem conforto: "Eu disse essas coisas para que em mim vocês tenham paz. Neste mundo vocês terão aflições; contudo, tenham ânimo! Eu venci o mundo" (João 16.33).

> O caráter é tanto desenvolvido quanto revelado nas provas. E a vida toda é uma grande prova.
>
> –
>
> Rick Warren

Os dias que afligem a sua alma são os mesmos que moldam o seu caráter. Durante os dias mais sombrios da sua vida, você pode aprender lições que são impossíveis de aprender nos dias ensolarados e felizes. Tempos de adversidade podem – e devem – ser dias de intenso crescimento pessoal e espiritual. Mas Deus não o força a aprender as lições da adversidade. Você precisa aprender por si mesmo.

DIAS DIFÍCEIS MOLDAM O CARÁTER

"Não se deixem enganar: 'as más companhias corrompem os bons costumes.'"

1Coríntios 15.33

"Por isso mesmo, empenhem-se para acrescentar à sua fé a virtude; à virtude o conhecimento."

2Pedro 1.5

"A retidão dos irrepreensíveis lhes abre um caminho reto, mas os ímpios são abatidos por sua própria impiedade."

Provérbios 11.5

"A boa reputação vale mais que grandes riquezas; desfrutar de boa estima vale mais que prata e ouro."

Provérbios 22.1

"Não só isso, mas também nos gloriamos nas tribulações, porque sabemos que a tribulação produz perseverança; a perseverança, um caráter aprovado; e o caráter aprovado, esperança."

Romanos 5.3-4

COISAS DIFÍCEIS: FAÇA VOCÊ MESMO

O hábito de deixar as coisas para a última hora, somado ao costume de criar desculpas para o que não foi feito, pode ser muito prejudicial para a sua vida e o seu caráter.

Você está entre aqueles que têm o hábito de fazer tudo na hora certa ou é um membro do Clube dos Procrastinadores? Se você tem o hábito de fazer as coisas na hora certa, parabéns! Agora, se reconhece que está sempre deixando as coisas para depois (ou para nunca), é hora de pensar nas consequências dos seus atos.

Uma forma de vencer a procrastinação é dar menos atenção aos seus medos e mais atenção às suas responsabilidades. Logo, quando estiver diante de uma escolha difícil ou tiver uma grande responsabilidade, não gaste horas intermináveis se lamentando por causa do seu destino. Simplesmente busque conselhos de Deus e ocupe-se em fazer o que é certo. Quando fizer isso, você será ricamente recompensado por sua disposição de agir.

DIAS DIFÍCEIS MOLDAM O CARÁTER

Cada vez que se recusa a encarar a vida e seus problemas, você enfraquece o seu caráter.

E. Stanley Jones

Caráter não é algo que pode ser desenvolvido de forma fácil e calma. Somente por meio da experiência da dificuldade e do sofrimento a alma pode ser fortalecida; a visão, refinada; a ambição, inspirada e o sucesso, obtido.

Helen Keller

Caráter é aquilo que você é no escuro.

D. L. Moody

UM CONSELHO PARA OS DIAS DIFÍCEIS

Talvez, por causa dos dias difíceis, você esteja sendo forçado a sair de sua zona de conforto. Se isso estiver acontecendo, considere que esta pode ser uma oportunidade de crescer espiritual e emocionalmente. Seu desafio é o de acreditar em você mesmo, confiar em Deus e seguir os seus passos, mesmo que ele o guie para fora da sua zona de conforto.

PERGUNTAS PARA REFLETIR

Acredito que os dias difíceis podem construir (ou revelar) o caráter?

Estou determinado a aprender as lições que os dias difíceis têm a me ensinar?

Mesmo quando os dias forem difíceis, estou decidido a não negociar o meu caráter?

UMA ORAÇÃO

Senhor, cada dia pode ser uma oportunidade de fortalecer o caráter, e espero que o dia de hoje me sirva desta forma. Estarei ciente de que os meus pensamentos e ações têm consequências, tanto em minha própria vida quanto na vida das pessoas que amo. Eu me esforçarei para fazer com que os meus pensamentos e ações sejam agradáveis ao Senhor, de forma que eu me torne um instrumento da sua paz, hoje e sempre. Amém.

Capítulo 5

AS LIÇÕES DA ADVERSIDADE

*"Só ele cura os de coração quebrantado
e cuida das suas feridas."*

—

Salmo 147.3

COMO VENCER OS TEMPOS DIFÍCEIS

Tenha você 22 ou 102 anos, certamente ainda há muito que aprender. Mesmo que você seja uma pessoa experiente, Deus ainda não terminou de trabalhar em sua vida. Ele ainda não terminou de ensinar a você lições que dizem respeito à sua vida aqui nesta terra e na eternidade.

Deus não deseja vê-lo parado em um mesmo lugar. Longe disso! Ele quer que você continue a crescer como pessoa e como um cristão todos os dias da sua vida. Não se engane: tanto o crescimento espiritual quanto o intelectual são possíveis em todos os estágios da vida – dos dias mais felizes aos mais difíceis.

> Deus nos permite experimentar momentos difíceis na vida a fim de nos ensinar lições que não aprenderíamos de outra forma.
>
> —
>
> C. S. Lewis

Como ter certeza de que você continuará a crescer (e aprender) durante os dias fáceis e difíceis? Fazendo isso por meio de uma vida de oração, adoração a Deus e comunhão com os irmãos. Estando aberto ao mover do Espírito Santo e estudando cuidadosamente a Palavra de Deus.

A Bíblia tem conselhos poderosos para ajudá-lo a superar os dias difíceis. Quando você estuda a Palavra de Deus e procura viver de acordo com ela,

AS LIÇÕES DA ADVERSIDADE

a adversidade acaba se tornando um professor em sua vida. Ao suportar tempos complicados, você acaba aprendendo lições que dificilmente aprenderia de outra maneira.

Como consequência, ao aprender tais lições, você acaba se tornando um exemplo inspirador para seus amigos, familiares e para o mundo.

"Eu o instruirei e o ensinarei no caminho que você deve seguir; eu o aconselharei e cuidarei de você."

—

Salmo 32.8

COMO VENCER OS TEMPOS DIFÍCEIS

"O conselho da sabedoria é: Procure obter sabedoria; use tudo que você possui para adquirir entendimento."

Provérbios 4.7

"Como é feliz o homem que acha a sabedoria, o homem que obtém entendimento."

Provérbios 3.13

"Portanto, quem ouve estas minhas palavras e as pratica é como um homem prudente que construiu a sua casa sobre a rocha. Caiu a chuva, transbordaram os rios, sopraram os ventos e deram contra aquela casa, e ela não caiu, porque tinha seus alicerces na rocha."

Mateus 7.24-25

"Mas a sabedoria que vem do alto é antes de tudo pura; depois, pacífica, amável, compreensiva, cheia de misericórdia e de bons frutos, imparcial e sincera."

Tiago 3.17

VELHOS PROBLEMAS NOS ENSINAM GRANDES LIÇÕES

Da próxima vez que um Velho Problema bater à porta da sua vida, lembre-se de que ele tem lições a ensinar. Por isso, procure se livrar dele o quanto antes, mas não se esqueça de aprender as suas lições. Lembre-se: o problema do problema não é apenas o

AS LIÇÕES DA ADVERSIDADE

problema que ele traz; também é o problema que nós criamos, quando ignoramos as coisas que o problema pode ensinar. Entendeu? Portanto, faça o favor de não se esquecer disso!

Quais lições sobre honra você aprendeu na infância? Você vive hoje o que aprendeu naquela época?

Dennis Swanberg

Embora as correções sejam sempre difíceis, se olharmos para Deus em busca de lições com as quais aprender, nós colheremos frutos espirituais.

Vonette Bright

Se cada um dos seus planos e cálculos humanos falhou; se, um por um, os projetos dos homens não se cumpriram, fique firme. Deus está tentando dizer algo a você por meio destas circunstâncias. E a mensagem é: "Pare de depender dos recursos humanos. Deixe que eu cuido disso."

Catherine Marshall

O currículo de Deus para todos aqueles que sinceramente desejam conhecê-lo, bem como os seus propósitos, sempre inclui lições que preferiríamos não ter que aprender. É com uma profunda compreensão de nossas maiores necessidades que ele monta o nosso currículo.

Elisabeth Elliot

UM CONSELHO PARA OS DIAS DIFÍCEIS

Fale sobre eles! Se você está enfrentando dias difíceis, não aperte o botão do pânico, guardando as coisas dentro de você. Fale sobre elas com pessoas nas quais pode confiar. Se os seus problemas forem grandes demais, esteja disposto a pedir ajuda – a começar, obviamente, pela sua família e seu pastor.

QUESTÕES PARA REFLETIR

Compreendo a importância de buscar sabedoria e direção da parte de Deus?

Permito que Deus me guie por meio de sua Palavra e do seu Espírito?

Entendo que Deus ainda tem grandes e importantes lições para me ensinar?

UMA ORAÇÃO

Senhor, eu tenho tanto a aprender. Ajude-me a prestar atenção, a ouvir, a pensar e a aprender todos os dias da minha vida. Amém.

Capítulo 6

ACEITANDO CONSELHOS

"Se o sábio lhes der ouvidos, aumentará seu conhecimento, e quem tem discernimento obterá orientação."

—

Provérbios 1.5

COMO VENCER OS TEMPOS DIFÍCEIS

Se você se encontra preso a uma situação difícil, é tempo de começar a buscar amigos sábios e mentores que poderão lhe dar conselhos sólidos. Por que precisa de ajuda para fazer uma avaliação da pessoa que vê quando se olha no espelho? Porque você está muito perto dessa pessoa; esta é a razão. Muitas vezes você será tentado a se avaliar com nota máxima, quando na verdade a avaliação justa seria um pouco mais baixa. Em outras ocasiões, você se tornará o seu maior crítico, dando a si mesmo uma nota baixa, quando na verdade ela deveria ser mais alta. A verdade, é claro, geralmente está em algum lugar entre esses dois extremos.

> É preciso uma pessoa sábia para dar um bom conselho, e uma pessoa ainda mais sábia para recebê-lo.
>
> —
>
> Marie T. Freeman

Encontrar um mentor sábio é apenas a metade da luta. Você precisa da mesma porção de sabedoria – às vezes até mais – para agir a partir dos bons conselhos que lhe foram dados. Por isso, encontre pessoas nas quais possa confiar e aja de acordo com as instruções que receber.

ACEITANDO CONSELHOS

"Então, Samuel lhe contou tudo, e nada escondeu. Então Eli disse: 'Ele é o SENHOR'; que faça o que lhe parecer melhor."

1Samuel 3.18

"Melhor é um jovem pobre e sábio, do que um rei idoso e tolo, que não mais aceita repreensão."

Eclesiastes 4.13

"É melhor ouvir a repreensão de um sábio do que a canção dos tolos."

Eclesiastes 7.5

"O zombador não gosta de quem o corrige, nem procura a ajuda do sábio."

Provérbios 15.12

"Ouça conselhos e aceite instruções, e acabará sendo sábio."

Provérbios 19.20

COMO VENCER OS TEMPOS DIFÍCEIS

ENCONTRE UM MENTOR

Se você está passando por tempos difíceis, é importante encontrar mentores que já passaram por períodos conturbados e buscaram ajuda para si – pessoas que têm experiência com os dilemas vividos por você e que podem ajudar compartilhando suas próprias histórias.

Quando você encontra mentores que são homens e mulheres de Deus, você também se torna uma pessoa de Deus. É por isso que deve buscar conselho com pessoas que, por sua presença e palavras, o ajudarão a ser uma pessoa melhor e, consequentemente, um cristão melhor.

> Deus nos guia por meio do conselho de pessoas sábias.
>
> —
>
> E. Stanley Jones

Hoje, como um presente a si mesmo, escolha, entre os seus amigos e familiares, um mentor em cujo julgamento você confia. Faça isso e escute cuidadosamente o que essa pessoa tem a dizer. Esteja disposto a acolher os seus conselhos, mesmo que isso exija esforço ou dor. Considere o seu mentor como um presente de Deus para a sua vida. Agradeça a Deus por este presente e faça bom uso dele para a glória do reino de Deus.

ACEITANDO CONSELHOS

Uma única palavra, se proferida com um espírito amigável, pode ser suficiente para livrar alguém dos perigos do erro.

Fanny Crosby

Não importa quão louca tenha sido a sua vida, Deus pode fazer algo grandioso a partir dela. Ele pode fazer com que grandes ramos cresçam a partir da árvore da sua história, tornando-os abrigo para outras pessoas.

Barbara Johnson

Deus geralmente nos mantém no caminho por meio do conselho de amigos e de conselheiros espirituais confiáveis.

Bill Hybels

UM CONSELHO PARA OS DIAS DIFÍCEIS

Se você não consegue receber críticas construtivas com a mente aberta, é possível que sofra de um velho e grave problema chamado teimosia. Por isso, peça a Deus que amoleça o seu coração, abra os seus olhos e ilumine a sua mente.

COMO VENCER OS TEMPOS DIFÍCEIS

QUESTÕES PARA REFLETIR

Entendo a importância de encontrar –
e escutar – mentores para minha vida?

Estou disposto a ser um mentor para outros?

Estou disposto a ouvir cuidadosamente os
conselhos e, quando forem apropriados,
segui-los? Ou ainda sou teimoso o bastante
para dar ouvidos ao que me dizem?

UMA ORAÇÃO

*Senhor, obrigado pelos mentores que o Senhor
colocou em minha caminhada. Quando eu estiver
com problemas, que eles me ajudem com direção,
conforto e conselhos. E, Deus, me ajude a ser um
amigo e conselheiro para outras pessoas, para que o
seu amor seja demonstrado de forma genuína
enquanto me preocupo com eles. Amém.*

Capítulo 7

A FÉ MOVE MONTANHAS

"O que é nascido de Deus vence o mundo;
e esta é a vitória que vence o mundo: a nossa fé."

—

1João 5.4

COMO VENCER OS TEMPOS DIFÍCEIS

Toda vida, incluindo a sua, é uma grande aventura de fé. Em cada passo do caminho, por meio de cada triunfo e tragédia, Deus estará ao seu lado, dando-lhe forças... se a sua fé estiver nele.

Jó foi alguém que teve muitas oportunidades para desistir de si mesmo e do seu Senhor. No entanto, a despeito do seu sofrimento, ele se recusou a amaldiçoar o seu Criador. Antes, confiou em Deus mesmo nos momentos mais difíceis de sua vida – assim como fez Jesus.

> Dificuldades não são inimigas da fé, mas oportunidades que nos revelam à fidelidade de Deus.
>
> —
>
> Barbara Johnson

Antes de sua crucificação, Jesus se dirigiu para o monte das Oliveiras e derramou o seu coração perante Deus (Lucas 22). Ele sabia o tipo de agonia que o aguardava, mas também sabia que a vontade de Deus deveria ser realizada. Nós, como o nosso Salvador, enfrentamos dificuldades que provocam medo e angústia no mais profundo da nossa alma. Contudo, à semelhança de Jesus, devemos buscar a vontade de Deus, e não a nossa.

Quando você confia a sua vida a Deus completamente e sem reservas, ele lhe dá a força necessária para suportar cada desafio, a coragem para enfrentar cada dificuldade e a sabedoria perfeita para viver em sua justiça e em sua paz. Por isso, fortaleça a sua fé por meio do louvor, da adoração, do estudo da Bíblia e pela oração. E confie nos planos de Deus. Com ele, todas as coisas são possíveis, e ele é poderoso para abrir um universo de oportunidades diante de você... se você tiver fé.

"Estejam vigilantes, mantenham-se firmes na fé, sejam homens de coragem, sejam fortes."

1Coríntios 16.13

"Sem fé é impossível agradar a Deus, pois quem dele se aproxima precisa crer que ele existe e que recompensa aqueles que o buscam."

Hebreus 11.6

"Portanto, temos sempre confiança e sabemos que, enquanto estamos no corpo, estamos longe do Senhor. Porque vivemos por fé, e não pelo que vemos."

2Coríntios 5.6-7

"Combati o bom combate, terminei a corrida, guardei a fé."

2Timóteo 4.7

NUTRINDO A SUA FÉ

Quando confiamos em Deus, devemos estar dispostos a confiar sem reservas. Às vezes, no entanto, confiar em Deus pode ser difícil, especialmente nos dias mais difíceis da nossa vida. Mas uma coisa é certa: sejam quais forem as nossas circunstâncias, devemos continuar plantando as sementes da fé em nosso coração, confiando que no tempo certo Deus nos dará o privilégio da colheita. Plantar as sementes para esta colheita requer muito esforço, o que é completamente possível quando contamos com Deus. Afinal de contas, ele nunca nos dá um fardo pesado demais que não possamos suportar.

É importante lembrar que o trabalho necessário para construir e sustentar a nossa fé é resultado de um processo contínuo. Corrie ten Boom, sobrevivente de um campo de concentração, disse certa vez: "Seja cheio do Espírito Santo; faça parte de uma igreja onde as pessoas acreditem na Bíblia e conheçam o Senhor; busque ter comunhão com outros cristãos; aprenda e seja nutrido pela Palavra de Deus e por suas muitas promessas. Conversão não é o fim da sua jornada – é apenas o começo."

Nutrir a sua fé pode, e deve, ser um trabalho prazeroso. As horas investidas em estudo da Palavra, oração, meditação e adoração devem ser um tempo de enriquecimento e celebração. Além disso, à medida que você continua a construir a sua vida sobre o fundamento da fé, irá descobrir que a jornada para a maturidade espiritual dura uma vida inteira. Como um filho de Deus, você jamais chegará ao ponto de não ter mais para onde crescer. Pelo contrário, é necessário continuar a "crescer" durante todos os dias da sua vida. É exatamente isso o que Deus deseja que você faça.

O desespero sempre funciona como uma porta de entrada para a fé.

Oswald Chambers

Pode ser o dia mais difícil da sua vida. Você pode estar enfrentando um turbulento furacão. Mas esta é uma experiência temporária. O seu Deus fiel e compassivo sabe o que você está atravessando.

Charles Swindoll

Sou extremamente grato pela fé ter me ajudado a abandonar a pergunta "Por quê?"

Zig Ziglar

COMO VENCER OS TEMPOS DIFÍCEIS

Nada é mais desastroso do que estudar a fé, ser um analista da fé e fazer nobres anotações sobre a fé, sem nunca ter dado um único passo de fé.

Vance Havner

Fé é o nosso oxigênio espiritual. Não apenas nos mantém vivos em Deus, como também nos permite crescer mais fortes.

Joyce Landorf Heatherly

UM CONSELHO PARA OS DIAS DIFÍCEIS

Sentimentos vêm e vão, porém Deus não muda jamais. Portanto, quando você tiver que fazer uma escolha entre confiar em seus sentimentos e confiar em Deus, confie em Deus. Lembre-se: se a sua fé é forte o bastante, você e Deus – trabalhando juntos – podem mover montanhas.

QUESTÕES PARA REFLETIR

Estou disposto a pedir a Deus que seja um verdadeiro parceiro em minha vida?

Estou disposto a orar como se tudo dependesse exclusivamente de Deus e a trabalhar como se tudo dependesse completamente de mim?

Depois de ter feito o meu melhor, estou disposto a confiar nos planos e no tempo de Deus para a minha vida?

UMA ORAÇÃO

Senhor, às vezes este mundo é um lugar terrível. Quando eu estiver cheio de incertezas e dúvidas, me dê fé. Nos momentos mais sombrios da minha caminhada, me ajude a lembrar que o Senhor está sempre perto e é capaz de me fazer superar qualquer desafio. Hoje, Senhor, e para todo o sempre, eu coloco a minha confiança apenas no Senhor. Amém.

Capítulo 8

A ATITUDE CERTA

*"Pois Deus não nos deu o espírito de covardia,
mas de poder, de amor e de equilíbrio."*

—

2Timóteo 1.7

COMO VENCER OS TEMPOS DIFÍCEIS

Se você deseja enfrentar aquele Velho Problema, precisará da atitude certa: a atitude positiva. Como está a sua atitude hoje? Você está cheio de temor, de raiva, entediado ou preocupado? Está pessimista, perplexo, triste ou perturbado? Tem andado de um lado para o outro com cara de quem não é feliz e tão duro quanto o estado do seu coração? Se você estiver assim, Deus deseja ter uma pequena conversa com você.

Deus o criou conforme a sua imagem e ele deseja que você experimente alegria, contentamento, paz e abundância. Contudo, Deus não o forçará a experimentar essas coisas; elas devem ser pedidas.

Deus lhe deu livre-arbítrio, o que inclui a capacidade de influenciar a direção e o tom dos seus pensamentos. E a forma como Deus deseja que você direcione seus pensamentos é esta:

Finalmente, irmãos, tudo o que for verdadeiro,
tudo o que for nobre, tudo o que for correto,
tudo o que for puro, tudo o que for amável,
tudo o que for de boa fama, se houver algo de
excelente ou digno de louvor, pensem nessas coisas.

(Filipenses 4.8)

A ATITUDE CERTA

A qualidade de suas atitudes o ajudará a determinar a qualidade da sua vida. Por isso, cuide dos seus pensamentos. Se fizer com que sua mente encare a vida de forma saudável, combinando realismo e otimismo, você será recompensado. No entanto, ao se permitir cair na rotina do trágico hábito dos pensamentos negativos, você se deparará com infelicidade, mediocridade ou coisas piores.

> A dor é inevitável, mas a miséria é opcional.
>
> —
>
> Max Lucado

Portanto, na próxima vez em que se vir absorvido pelos aspectos negativos de sua vida, mude sua atenção para as coisas positivas. Na próxima vez em que você ceder à pressão do pessimismo, pare e mude a direção dos seus pensamentos. No próximo instante em que se sentir tentado a desperdiçar seu precioso tempo fazendo fofoca ou reclamando, resista com todas as suas forças.

E lembre-se: render-se ao lamento nunca o levará ao topo... Não desperdice seu tempo.

COMO VENCER OS TEMPOS DIFÍCEIS

"Mantenham o pensamento nas coisas do alto, e não nas coisas terrenas."

Colossenses 3.2

"Aproximem-se de Deus, e ele se aproximará de vocês! Pecadores, limpem as mãos, e vocês, que têm a mente dividida, purifiquem o coração."

Tiago 4.8

"Bem-aventurados os puros de coração, pois verão a Deus."

Mateus 5.8

"Seja a atitude de vocês a mesma de Cristo Jesus."

Filipenses 2.5

"Portanto, estejam com a mente preparada, prontos para agir."

1Pedro 1.13

A ATITUDE CERTA

Nós somos os senhores ou as vítimas das nossas atitudes. É uma questão de escolha pessoal. A pessoa que somos hoje é resultado das escolhas que fizemos ontem. Amanhã nos tornaremos aquilo que escolhemos hoje. Mudar significa escolher mudar.

John Maxwell

A mente é como um relógio em contagem regressiva. Todas as manhãs seus marcadores precisam ser reajustados com pensamentos positivos.

Fulton J. Sheen

A diferença entre ganhar e perder está na forma como escolhemos lidar com o desapontamento.

Barbara Johnson

UM CONSELHO PARA OS DIAS DIFÍCEIS

Uma atitude positiva leva a um resultado positivo; uma atitude negativa leva a qualquer lugar. Se o seu desejo é melhorar a qualidade dos seus pensamentos, peça a Deus que o ajude.

COMO VENCER OS TEMPOS DIFÍCEIS

QUESTÕES PARA REFLETIR

Eu me associo a pessoas que são inabaláveis,
otimistas e encorajadoras?

Tento colocar o meu foco mais nas bênçãos
do que nas dificuldades?

Já treinei meu olhar para ver mais as
oportunidades e menos os obstáculos?

UMA ORAÇÃO

*Senhor, oro para que o Senhor me ajude
a ter uma atitude que seja como a de Jesus.
Independentemente das circunstâncias,
boas ou ruins, triunfantes ou trágicas,
que as minhas respostas reflitam o desejo
de honrar a Deus com otimismo,
fé e amor. Amém.*

Capítulo 9

CONFIANDO NO TEMPO DE DEUS

*"Coloquei toda a minha esperança
no SENHOR, ele se inclinou para mim
e ouviu o meu grito de socorro."*

—

Salmo 40.1

COMO VENCER OS TEMPOS DIFÍCEIS

A Bíblia nos ensina a confiar no tempo de Deus em qualquer situação, mas nós somos constantemente tentados a fazer o contrário – sobretudo quando os dias são difíceis. Quando somos assaltados por problemas, geralmente ficamos ansiosos em busca de uma solução para o que está acontecendo. Sabemos que o nosso problema será resolvido algum dia, mas queremos que ele seja resolvido IMEDIATAMENTE. Deus, contudo, trabalha de acordo com a sua própria agenda, e ela nem sempre coincide com a nossa.

> Deus não tem pressa. Comparado com o trabalho dos homens, ele caminha com calma. Deus não é um escravo do relógio humano.
>
> —
>
> Charles Swindoll

Os planos de Deus são perfeitos. Já os nossos não costumam ser tão bons. Por isso, precisamos aprender a confiar em nosso Pai Celestial tanto nos momentos bons quanto nas horas difíceis. Sem exceção.

Elisabeth Elliot disse: "Precisamos aprender a nos mover de acordo com o tempo Daquele que o tempo não pode conter, e a estar em paz." E Billy Graham completou: "Ao esperarmos em Deus, ele nos ajuda a usar os ventos da adversidade para voarmos acima dos nossos problemas."

Portanto, hoje, ao enfrentar os desafios da vida,

CONFIANDO NO TEMPO DE DEUS

se esforce para entregar tudo a Deus. Não importa a situação, ele pode lidar com ela. E você pode ter certeza de que ele fará isso na hora certa.

"Portanto, humilhem-se debaixo da poderosa mão de Deus, para que ele os exalte no tempo devido."

1Pedro 5.6

"Ele lhes respondeu: 'Não lhes compete saber os tempos ou as datas que o Pai estabeleceu pela sua própria autoridade.'"

Atos 1.7

"De um só fez ele todos os povos, para que povoassem toda a terra, tendo determinado os tempos anteriormente estabelecidos e os lugares exatos em que deveriam habitar."

Atos 17.26

"Para tudo há uma ocasião certa; há um tempo certo para cada propósito debaixo do céu."

Eclesiastes 3.1

"Contudo, o SENHOR espera o momento de ser bondoso com vocês; ele ainda se levantará para mostrar-lhes compaixão. Pois o SENHOR é Deus de justiça. Como são felizes todos os que nele esperam!"

Isaías 30.18

ORE POR PACIÊNCIA

Você deseja ser mais paciente? Ore por isso. Existe alguma pessoa de quem você não goste? Ore e peça a Deus que lhe dê um coração disposto a perdoar. Você se descontrola mais do que deveria? Peça a Deus que o ajude. Percebe-se afundando na areia movediça do remorso? Peça a Deus que o livre disso.

Quanto mais você ora, mais descobre que Deus está perto e sempre disposto a escutar o que você tem a dizer. Por isso, não se preocupe com as coisas; ore por elas. Deus está esperando... Ele está escutando!

Em sua sabedoria, Deus ordena os próprios atrasos para que eles se revelem muito melhores do que a nossa pressa.

C. H. Spurgeon

Quando lemos o que foi escrito sobre os grandes líderes da Bíblia, percebemos que não foram poucas as vezes em que Deus os pediu que esperassem. Não apenas por um dia ou dois, mas por anos – até que o Senhor estivesse pronto para dar uma resposta.

Gloria Gaither

Devemos deixar com Deus a tarefa de responder às nossas orações segundo a sua sabedoria. Em algumas ocasiões, somos tão impacientes que pensamos que Deus não irá responder. Deus sempre responde! Ele nunca falha! Confie. Descanse no Senhor.

Mrs. Charles E. Cowman

UM CONSELHO PARA OS DIAS DIFÍCEIS

Deus controla soberanamente os céus e a terra. Descanse nele. Vance Havner escreveu: "Quando chegamos ao ponto em que nada mais pode ser feito a menos que Deus faça, ele faz." Creia nisso.

COMO VENCER OS TEMPOS DIFÍCEIS

QUESTÕES PARA REFLETIR

Eu levo a sério as instruções da Bíblia
sobre ser paciente?

Acredito que a paciência não tem a ver com
um descanso passivo, mas com uma atitude
que implica observar e esperar que Deus me
conduza em direção à vontade dele?

Mesmo quando não compreendo as circunstâncias
que cercam minha vida, eu luto para esperar
pacientemente enquanto sirvo ao Senhor?

UMA ORAÇÃO

*Senhor, raramente o seu tempo é o mesmo que o
meu, mas o seu tempo sempre é o melhor para mim.
O Senhor é o meu Pai e tem planos para a minha
vida que são maiores do que eu possa imaginar.
Quando eu estiver impaciente, lembre-me que o Senhor
nunca chega antes ou depois da hora. O Senhor
está sempre na hora certa, Pai. Por isso, me ajude
a confiar no Senhor... Sempre. Amém.*

Capítulo 10

PEÇA A DEUS

"Por isso digo: Peçam, e será dado; busquem, e encontrarão; batam, e a porta será aberta."

—

Lucas 11.9

COMO VENCER OS TEMPOS DIFÍCEIS

Com qual frequência você pede a Deus que o ajude e lhe dê sabedoria? De vez em quando? Regularmente? Sempre que experimenta uma crise? Espero que não. Espero que você tenha adquirido o hábito de pedir a assistência de Deus sempre, e o quanto antes. Espero também que você tenha aprendido a buscar a direção do Senhor em cada aspecto da vida.

Jesus deixa bem claro aos seus discípulos: eles devem pedir a Deus que suas necessidades sejam supridas. Você também deveria fazer o mesmo. Uma oração genuína, feita de coração, opera profundas mudanças em você e no seu mundo. Quando seu coração se abre para Deus, ele se abre também para uma fonte inesgotável de sabedoria divina e amor infinito.

> Deus nos ajudará a sermos as pessoas que ele espera que sejamos. Basta que lhe peçamos.
>
> —
>
> Hannah Whitall Smith

Em Tiago 5.16 encontramos uma promessa que Deus deseja manter: quando você ora fervorosamente e com frequência, grandes coisas acontecem. Muitas pessoas, no entanto, são tímidas demais ou extremamente pessimistas para pedir a Deus que realize grandes coisas. Por favor, não seja alguém assim.

PEÇA A DEUS

Deus pode fazer coisas maravilhosas por seu intermédio, caso tenha a coragem de pedir-lhe por isso (e a determinação de permanecer buscando). Mas não espere que ele faça todo o trabalho. Quando você faz a sua parte, ele faz a dele – e quando ele faz a dele, você pode esperar por milagres.

Na Bíblia, Deus promete que guiará a sua vida se você o permitir. Você só precisa deixá-lo agir. Mas às vezes, você será tentado a fazer exatamente o contrário. Será levado a seguir com a multidão; em outras ocasiões, você será tentado a fazer as coisas do seu próprio jeito, e não do jeito de Deus. Quando se sentir tentado de uma dessas maneiras, resista.

Deus prometeu que quando você pedisse ajuda, ele não negaria. Portanto, peça. Peça-lhe que supra as suas necessidades diárias. Peça-lhe que conduza a sua vida, que o proteja e o corrija. Então, confie nas respostas que ele oferece.

Deus permanece à porta e espera. Quando você bate, ele abre. Quando você pergunta, ele responde. A sua tarefa, evidentemente, é fazer com que Deus seja o grande parceiro em cada aspecto da sua vida – nos tempos bons e nos tempos ruins – e buscar constantemente a direção divina em oração, com confiança.

COMO VENCER OS TEMPOS DIFÍCEIS

"Se algum de vocês tem falta de sabedoria, peça-a a Deus, que a todos dá livremente, de boa vontade; e lhe será concedida."

Tiago 1.5

"E eu farei o que vocês pedirem em meu nome, para que o Pai seja glorificado no Filho. O que vocês pedirem em meu nome, eu farei."

João 14.13-14

"Vocês não me escolheram, mas eu os escolhi para irem e darem fruto, fruto que permaneça, a fim de que o Pai lhes conceda o que pedirem em meu nome."

João 15.16

"Até agora vocês não pediram nada em meu nome. Peçam e receberão, para que a alegria de vocês seja completa."

João 16.24

O Deus do Universo é o mesmo Deus que sabe quando o seu coração está quebrado – e ele pode restaurar!

Warren W. Wiersbe

Algumas pessoas pensam que Deus não gosta de ser incomodado com as nossas petições. No entanto, a forma de incomodar a Deus é não apresentando oração alguma a ele.

D. L. Moody

Não tenha medo de pedir ao seu Pai Celestial que supra as suas necessidades. Lembre-se de que não existe nada que seja pequeno demais para que Deus não dê atenção, nem grande demais para que Deus não tenha poder para agir.

Dennis Swanberg

UM CONSELHO PARA OS DIAS DIFÍCEIS

Quando você pedir a Deus por auxílio, ele ouvirá o seu pedido e – no tempo exato – responderá. Se você precisar de mais, peça por mais.

QUESTÕES PARA REFLETIR

Quando percebo que a vida pede mais,
eu peço a Deus que me dê mais?

Quando desejo atingir um objetivo que vale a
pena, peço a Deus que me ajude – e continuo a
pedir até que ele responda à minha oração?

Tenho o hábito de pedir a ajuda de Deus
diversas vezes ao longo do meu dia?

UMA ORAÇÃO

*Senhor, quando tiver perguntas ou temores, eu virei à
sua presença. Quando estiver fraco, buscarei a sua força.
Quando estiver desencorajado, me lembrarei do seu amor
e da sua graça. Pedirei ao Senhor pelas coisas das quais
tenho necessidade, Pai. E esperarei por suas respostas,
confiando nelas hoje e sempre. Amém.*

Capítulo 11

FAZENDO AS PAZES COM O PASSADO

"Deixo a paz a vocês; a minha paz dou a vocês.
Não a dou como o mundo a dá. Não se perturbe
o seu coração, nem tenham medo."

—

João 14.27

COMO VENCER OS TEMPOS DIFÍCEIS

Os maiores obstáculos da vida não podem ser vistos pelo para-brisa. São barreiras que só conseguimos enxergar quando olhamos pelo retrovisor. Porque somos seres humanos imperfeitos, e não temos perfeito controle sobre os nossos pensamentos, podemos nos permitir ficar presos ao passado – mesmo sabendo que não precisamos disso. Em vez de canalizar as nossas energias e pensamentos nas oportunidades de hoje, permitimos que memórias dolorosas permaneçam em nossa mente e roubem a nossa força. Parece que não conseguimos deixar a dor ir embora, e então a vivenciamos novamente, e novamente... o que produz consequências altamente previsíveis. Graças a Deus, o Senhor tem outros planos.

> Se você é um filho de Deus, não está mais preso ao seu passado ou a quem você foi um dia. Você é uma nova criatura em Cristo Jesus.
>
> —
>
> Kay Arthur

Filipenses 3.13-14 nos ensina a colocar o nosso foco no futuro, e não no passado: "Mas uma coisa faço: esquecendo-me das coisas que ficaram para trás e avançando para as que estão adiante, prossigo para o alvo, a fim de ganhar o prêmio do chamado celestial de Deus em Cristo Jesus." Ainda assim, para muitos de nós, é muito difícil manter o foco no futuro. Por quê?

FAZENDO AS PAZES COM O PASSADO

Parte do problema tem a ver com perdão. Quando nos fixamos muito intencionalmente no passado, este é um claro sinal de que precisamos colocar o foco em algo muito mais urgente: a necessidade de perdoar. Permanecer olhando intensamente para o passado é, quase sem exceção, inútil. Nenhuma medida de raiva ou amargura pode mudar o que aconteceu ontem. Lágrimas não mudam o passado; arrependimento não muda o passado. Nossas preocupações não mudarão o passado, assim como as nossas reclamações não farão nada de bom. Sendo simples, o passado é, e sempre será, o passado. Para sempre.

Você é capaz de abraçar tanto a coragem quanto a sabedoria de aceitar o seu passado e seguir com sua vida adiante? Você pode aceitar a realidade de que ontem e todos os antes de ontem já se foram? Você consegue entregar todos esses dias que se foram a Deus? Espero que sim.

Uma vez que tenha feito as pazes com o seu passado, você estará completamente livre para se envolver com o presente. E quando você estiver completamente livre para se engajar no presente, poderá construir um futuro melhor para você mesmo e para aqueles a quem ama.

Caso você tenha vivido um passado difícil, aprenda com ele, mas não seja escravo dele. Em vez disso, construa o seu futuro sobre o firme fundamento

COMO VENCER OS TEMPOS DIFÍCEIS

da confiança e do perdão: confie no seu Pai Celeste e no perdão concedido a todos os filhos de Deus, inclusive a você. Entregue a Deus todo o seu passado, e celebre este dia com esperança no coração e com louvor nos lábios. O seu Criador deseja usá-lo de forma maravilhosa e surpreendente, caso você permita que ele o faça. Mas, antes, Deus deseja que você faça as pazes com o seu passado... Ele deseja que você faça isso hoje.

"Esqueçam o que se foi; não vivam no passado. Vejam, estou fazendo uma coisa nova! Ela já está surgindo! Vocês não a reconhecem? Até no deserto vou abrir um caminho e riachos no ermo."

Isaías 43.18-19

"Irmãos, não penso que eu mesmo já o tenha alcançado, mas uma coisa faço: esquecendo-me das coisas que ficaram para trás e avançando para as que estão adiante, prossigo para o alvo, a fim de ganhar o prêmio do chamado celestial de Deus em Cristo Jesus."

Filipenses 3.13-14

"Aquele que estava assentado no trono disse: 'Estou fazendo novas todas as coisas!' E acrescentou: 'Escreva isto, pois estas palavras são verdadeiras e dignas de confiança.'"

Apocalipse 21.5

FAZENDO AS PAZES COM O PASSADO

"Pois vocês morreram, e agora a sua vida está escondida com Cristo em Deus."

Colossenses 3.3

Sacuda a poeira do passado e siga em frente nas promessas de Deus.

Kay Arthur

Devemos manter os nossos olhos na linha de chegada, esquecendo o passado e seguindo em direção à maturidade espiritual e a uma vida frutífera.

Vonette Bright

Não é o poder da lembrança, mas, ao contrário, o poder do perdão, uma condição necessária para a nossa existência.

St. Basil

UM CONSELHO PARA OS DIAS DIFÍCEIS

O passado ficou para trás. Logo, não invista todas as suas energias nele. Se você está focado no passado, mude o foco. Se está vivendo no passado, olhe para frente.

QUESTÕES PARA REFLETIR

Estou disposto a aprender com o passado
e aceitá-lo, mas viver no presente?

Acredito que é importante confiar em Deus
mesmo quando não consigo entender o porquê
de algumas coisas acontecerem?

Estou disposto a mudar as coisas que eu conseguir
mudar e aceitar as que não conseguir?

UMA ORAÇÃO

*Pai, quero ser livre da raiva, do ressentimento e da inveja.
Quando estou amargurado, não consigo sentir a alegria
que o Senhor tem para a minha vida. Mantenha minha
mente consciente de que o perdão é um mandamento, e
me ajude a aceitar o passado, a desfrutar do presente e a
confiar no futuro... confiando no Senhor. Amém.*

"Cria em mim, ó Deus, um coração puro, e renova dentro de mim um espírito estável."

—

Salmo 51.10

Capítulo 12

O PODER
DA ORAÇÃO

*"Entre vocês há alguém que está sofrendo?
Que ele ore. Há alguém que se sente feliz?
Que cante louvores."*

—

Tiago 5.13

COMO VENCER OS TEMPOS DIFÍCEIS

Deus está tentando falar! Você consegue ouvir o que ele diz?

Quando atravessamos dias difíceis, nos sentimos muito pressionados pelas constantes demandas que surgem. É possível, nesse caso, que você, esquecendo-se de desacelerar, não esteja separando tempo para conversar com Deus. Em vez de se voltar para Deus com os seus pensamentos em oração, talvez você esteja confiando em seus próprios recursos. No lugar de pedir a Deus por direção, talvez esteja confiando apenas em sua limitada sabedoria. Uma forma muito melhor de agir é esta: simplesmente pare de fazer o que você tem feito sozinho por tanto tempo e abra o seu coração para o Senhor.

> Encontrei o antídoto perfeito para o medo. Sempre que ele revela a sua face sombria, eu a cubro com a minha oração.
>
> —
>
> Dale Evans Rogers

Você investe tempo diariamente com Deus? Pois deveria investir. Você está precisando de alguma coisa? Peça ao Senhor que sustente a sua vida. Está se sentindo atribulado? Leve a ele as suas preocupações em oração. Sente-se fraco? Busque a força do Senhor. Em todas as coisas, grandes ou pequenas, você deve buscar a sabedoria e a graça de Deus. Ele ouve a sua

O PODER DA ORAÇÃO

oração, e sempre responde. Tudo o que você precisa fazer é pedir.

"E ele prosseguiu: 'Não tenha medo, Daniel. Desde o primeiro dia em que você decidiu buscar entendimento e humilhar-se diante do seu Deus, suas palavras foram ouvidas, e eu vim em resposta a elas.'"

Daniel 10.12

"Alegrem-se sempre. Orem continuamente. Deem graças em todas as circunstâncias, pois esta é a vontade de Deus para vocês em Cristo Jesus."

1 Tessalonicenses 5.16-18

"Quero, pois, que os homens orem em todo lugar, levantando mãos santas, sem ira e sem discussões."

1 Timóteo 2.8

"Se o meu povo, que se chama pelo meu nome, se humilhar e orar, buscar a minha face e se afastar dos seus maus caminhos, dos céus o ouvirei, perdoarei o seu pecado e curarei a sua terra."

2 Crônicas 7.14

VOCÊ TEM PERGUNTAS?

Você tem perguntas a fazer? Deus tem respostas a oferecer. Caso deseje ouvir o que ele tem a dizer, é exatamente isso o que você deve fazer: peça-lhe com um coração sincero; confie; seja paciente e ouça. Então, no tempo e à maneira de Deus, você receberá resposta para a sua oração e direção para seguir o seu caminho.

Hoje mesmo, entregue tudo em oração ao seu Criador. Ore constantemente pelas coisas que você considera muito importantes, mas também por aquelas que você considera de menor importância. Busque ser instruído e guiado pelo Senhor. E lembre-se: Deus ouve e responde às orações. Contudo, ele não responderá às orações se você não as fizer. Por isso, ore sempre. Em seguida, aprenda a esperar confiantemente no Senhor, certo de que a resposta está prestes a chegar.

Eu já vi muitas adversidades serem transformadas por causa da oração.

John Maxwell

O verdadeiro poder na oração flui apenas quando o espírito de um homem toca o coração de Deus.

Catherine Marshall

A oração cumpre mais propósitos do que qualquer outra coisa.

Bill Bright

Qualquer assunto que seja pequeno demais para ser transformado em oração também é pequeno demais para se transformar em preocupação.

Corrie ten Boom

UM CONSELHO PARA OS DIAS DIFÍCEIS

Às vezes, a resposta é "Não". Deus não responde a todas as nossas orações com um "Sim". E nem deveria. O trabalho do Senhor não é o de garantir que todos os nossos pedidos sejam atendidos; mas, sim, oferecer-nos salvação eterna (pela qual devemos ser eternamente gratos). Quando nos sentimos desapontados com as realidades da vida, precisamos nos lembrar de que as nossas orações sempre são respondidas por um Deus soberano, que conhece todas as coisas, em quem podemos confiar, seja a sua resposta "Sim", "Não" ou "Espere".

QUESTÕES PARA REFLETIR

Eu entendo que a oração fortalece a minha relação com Deus?

Confio em que Deus cuidará de mim, mesmo que minhas orações pareçam ficar sem respostas?

Acredito que as minhas orações têm o poder para mudar as minhas circunstâncias, minha perspectiva e o meu futuro?

UMA ORAÇÃO

Deus, eu quero colocar a minha esperança, meus sonhos, minhas preocupações e meus temores diante do Senhor. Ajude-me a ser para a minha família e amigos um exemplo digno de ser seguido, mostrando a eles a importância e o poder da oração. Que eu possa apresentar tudo ao Senhor em oração, confiando nas respostas que o Senhor dará. Amém.

Capítulo 13

A PROTEÇÃO
DE DEUS

*"Embora eu esteja morando nas trevas,
o SENHOR será a minha luz."*

—

Miqueias 7.8

COMO VENCER OS TEMPOS DIFÍCEIS

Você já teve que enfrentar desafios que pareciam maiores que a sua capacidade de suportá-los? Já precisou lidar com problemas tão grandes, que não puderam ser solucionados? Caso tenha passado por experiências assim, você sabe como é ruim sentir-se sem esperança diante de situações difíceis. Graças a Deus, quando nos sentimos sem saída, podemos nos voltar para o Senhor em oração. Ele nos responderá.

> Não importa onde você esteja – nem por quanto tempo, ou quão sombrio ou assustador seja esse lugar –, Deus estará sempre ao seu lado.
>
> —
>
> Bill Hybels

As mãos de Deus sustentam a todos cujo coração está no Senhor. Que você seja contado entre esses. Quando isso é uma verdade para você, é possível viver com alegria e coragem e guardar no coração uma certeza a respeito dos dias turbulentos: "Isso também passará." O amor de Deus, no entanto, permanece para sempre. Você pode encontrar forças na certeza de que é uma criatura amada, protegida e sustentada pela bondosa mão do Senhor.

A PROTEÇÃO DE DEUS

"Finalmente, fortaleçam-se no Senhor e no seu forte poder. Vistam toda a armadura de Deus, para poderem ficar firmes contra as ciladas do Diabo."

Efésios 6.10-11

"O SENHOR, o seu Deus, está em seu meio, poderoso para salvar. Ele se regozijará em você, com o seu amor a renovará, ele se regozijará em você com brados de alegria."

Sofonias 3.17

"O meu escudo está nas mãos de Deus, que salva o reto de coração."

Salmo 7.10

"Os que confiam no SENHOR são como o monte Sião, que não se pode abalar, mas permanece para sempre. Como os montes cercam Jerusalém, assim o SENHOR protege o seu povo, desde agora e para sempre."

Salmo 125.1-2

ABRA O SEU CORAÇÃO PARA DEUS

Agostinho disse: "Deus ama a cada um de nós como se fôssemos a única criatura existente no universo." Você acredita nessas palavras? Você busca uma relação de intimidade e proximidade com o Pai Celestial ou está satisfeito em permanecer a uma distância "segura" do seu Criador?

COMO VENCER OS TEMPOS DIFÍCEIS

Às vezes, nas lutas diárias, Deus parece estar bem distante, mas não está. Deus está em todos os lugares nos quais nós estivemos, e em todos os lugares nos quais estaremos. Ele está ao nosso lado de dia e de noite; ele conhece os nossos pensamentos e orações. Quando nos dedicamos a buscá-lo, nós o encontramos, porque ele está aqui, esperando pacientemente por isso.

Hoje mesmo é possível desfrutar de paz, enquanto você agradece e louva a Deus. Abra o seu coração para ele, para sua presença e seu amor. Ele está aqui, esperando você. O amor de Deus se faz presente; sempre. Aceite isso – nesse instante – e seja abençoado.

Todos nós atravessamos momentos de dor e sofrimento, mas a presença de Deus, como um cobertor que nos aquece, pode nos servir de abrigo e proteção. Ele nos ajuda a trazer à tona aquela alegria que estava escondida, mesmo em meio às mais devastadoras circunstâncias.

Barbara Johnson

Adversidades são sempre imprevisíveis e indesejadas. São como um intruso, um ladrão. Mesmo assim, nas mãos de Deus, elas se transformam nos meios pelos quais o seu poder sobrenatural é revelado.

Charles Stanley

A PROTEÇÃO DE DEUS

Deus ajuda aqueles que se ajudam, mas há momentos em que simplesmente não conseguimos fazer isso. É nessas horas que Deus nos abraça com amor, como uma mãe abraça um filho que está doente, e faz por nós o que somos incapazes de fazer.

Ruth Bell Graham

A única maneira de ter uma fé fortalecida é enfrentando as grandes dificuldades da vida. Aprendi isso ao permanecer firme nas provas.

George Mueller

Deus não permitirá que nenhuma dificuldade venha sobre nós, a menos que ele tenha um plano específico para que, por meio dela, uma bênção também chegue a nós.

Peter Marshall

As coisas podem ficar bem difíceis para nós, mas nada é pesado demais para o Senhor.

Charles Stanley

UM CONSELHO PARA OS DIAS DIFÍCEIS

Ao lidar com situações desafiadoras, veja Deus como o seu conforto e a sua força. Por meio dos dias bons ou maus, Deus está ao seu lado, e você está sempre protegido.

QUESTÕES PARA REFLETIR

Acredito que Deus me protegerá hoje
e por toda a eternidade?

Confio nos planos de Deus mesmo quando
não sou capaz de compreendê-los?

Estou disposto a aceitar o plano de Deus
a ser revelado ao mundo – e também
para o meu mundo?

UMA ORAÇÃO

Meu Deus, a vida é difícil. Às vezes sou tomado por preocupação, medo ou sentimento de aperto no coração. Em outras ocasiões, encontro tentações que tão poderosamente me querem levar a desobedecer aos mandamentos do Senhor. No entanto, quando os meus olhos são postos no Senhor, ó Pai, eu encontro força. Quando eu sou fraco, o Senhor me levanta. Hoje eu buscarei a sua presença para ter força, esperança, direção e livramento. Amém.

Capítulo 14

EM DIAS DIFÍCEIS, DEUS ENSINA E CONDUZ

*"Deixem a insensatez, e vocês terão vida;
andem pelo caminho do entendimento."*

—

Provérbios 9.6

COMO VENCER OS TEMPOS DIFÍCEIS

De tempos em tempos, nos deparamos com circunstâncias que testam a nossa fé. Quando somos assolados por tragédias, visitados pelas dificuldades e surpreendidos por desapontamentos, podemos ser tentados a colocar a culpa em Deus ou nos rebelarmos contra ele. No entanto, a Bíblia nos ensina que as dificuldades podem e devem ser encaradas como ferramentas por meio das quais nos tornamos mais "maduros e completos, sem termos falta de nada".

> O seu maior ministério provavelmente acontecerá como resultado da sua mais intensa dor.
>
> —
>
> Rick Warren

Por acaso você teve que se deparar recentemente com uma dessas provas inevitáveis da vida? Caso tenha tido que lidar com elas, lembre-se de que Deus tem lições a lhe ensinar. Portanto, pergunte a si mesmo: Quais são as lições que Deus está tentando me ensinar hoje?

EM DIAS DIFÍCEIS, DEUS ENSINA E CONDUZ

"Por essa razão, desde o dia em que o ouvimos, não deixamos de orar por vocês e de pedir que sejam cheios do pleno conhecimento da vontade de Deus, com toda a sabedoria e entendimento espiritual."

Colossenses 1.9

"Portanto, deixemos os ensinos elementares a respeito de Cristo e avancemos para a maturidade, sem lançar novamente o fundamento do arrependimento de atos que conduzem à morte, da fé em Deus."

Hebreus 6.1

"Fuja dos desejos malignos da juventude e siga a justiça, a fé, o amor e a paz, com aqueles que, de coração puro, invocam o Senhor."

2 Timóteo 2.22

"Pois tu, ó Deus, nos submeteste à prova e nos refinaste como a prata. Fizeste-nos cair numa armadilha e sobre nossas costas puseste fardos. Deixaste que os inimigos cavalgassem sobre a nossa cabeça; passamos pelo fogo e pela água, mas a um lugar de fartura nos trouxeste."

Salmo 66.10-12

"E conhecer o amor de Cristo que excede todo conhecimento, para que vocês sejam cheios de toda a plenitude de Deus."

Efésios 3.19

PARA ONDE DEUS ESTÁ NOS CONDUZINDO?

Ainda que você não perceba, tempos de adversidade podem ser períodos de enorme crescimento pessoal e espiritual. Nossos dias difíceis também são tempos nos quais podemos aprender e reaprender algumas das mais importantes lições da vida.

Da próxima vez que você passar por um momento difícil, um dia difícil ou até mesmo um ano difícil, faça a si mesmo a seguinte pergunta: Para onde Deus está me conduzindo? Em tempos de sofrimento e de lutas, você pode ter certeza de que Deus conduzirá a sua vida a um lugar escolhido por ele. O seu dever é observar, orar, ouvir e seguir.

Que saibamos agradecer a Deus por permitir-nos experimentar dificuldades que nos levam para mais perto dele.

Shirley Dobson

Conforto e prosperidade nunca deixaram o mundo tão rico quanto a adversidade tem sido capaz de fazer.

Billy Graham

É um fato da experiência cristã que a vida é marcada de altos e baixos. Com o propósito de tomar o controle

EM DIAS DIFÍCEIS, DEUS ENSINA E CONDUZ

permanente de uma vida, Deus se utiliza mais dos baixos do que dos altos. E alguns dos mais inspiradores homens de Deus tiveram a sua história conduzida por sofrimentos mais intensos e duradouros do que as demais pessoas.

Peter Marshall

A meditação é como a prata; a tribulação é como o ouro mais puro.

C. H. Spurgeon

UM CONSELHO PARA OS DIAS DIFÍCEIS

Tempos de mudança podem ser oportunidades de crescimento. Elisabeth Elliot nos lembra que dias difíceis podem nos conduzir a um processo de renovação espiritual: "Se as folhas não tivessem que cair ao solo e murchar, se as árvores não se tornassem como um esqueleto por muitos meses, não haveria vida nova florescendo, não haveria broto, não haveria flor ou fruto, nem semente, nem qualquer nova geração."

QUESTÕES PARA REFLETIR

Acredito que Deus tem lições para me ensinar?

Creio que ainda há espaço para minha fé crescer?

Acredito que o crescimento espiritual é algo que acontece diariamente? Tento crescer nessa área todos os dias?

UMA ORAÇÃO

Amado Deus, eu me sinto muito abençoado quando me abro para o Senhor. Que eu aceite o seu amor e a sua sabedoria, ó Pai. Mostre-me o caminho do Senhor e me livre dos erros dolorosos que cometo quando me afasto dos seus mandamentos. Permita-me viver de acordo com a sua Palavra e deixe-me crescer na fé todos os dias. Amém.

Capítulo 15

AUTOESTIMA DE ACORDO COM DEUS

"Tu o fizeste um pouco menor do que os seres celestiais e o coroaste de glória e de honra."

—

Salmo 8.5

COMO VENCER OS TEMPOS DIFÍCEIS

Quando sua vida passa por dificuldades, é possível que você perca um pouco de sua autoconfiança. Talvez esteja tão focado no que as outras pessoas estão pensando – ou dizendo –, que você falha, deixando de focar em Deus. Agir assim é como cometer um erro de grandes proporções. Não faça isso. Em vez disso, busque a orientação de Deus enquanto canaliza sua energia em ser o melhor que puder. Quando sua autoestima e autoimagem estiverem em jogo, busque aprovação de Deus, e não dos outros.

> Ser amado por aquele cuja opinião vale mais do que tudo nos dá a segurança necessária para arriscarmos amar – inclusive a nós mesmos.
>
> —
>
> Gloria Gaither

Muito tem se falado sobre as diversas maneiras pelas quais podemos aumentar nossa autoestima e valorizar nossa imagem. No entanto, cultivar uma boa autoestima é, de forma geral, resultado de três coisas: 1. Obediência a Deus; 2. Ter pensamentos saudáveis; 3. Encontrar um propósito para sua vida que agrade tanto a você quanto ao seu Criador.

Os conselhos abaixo, todos extraídos da Bíblia, podem ajudá-lo a construir o tipo de autoimagem – e o tipo de vida – que agradará tanto a você quanto a Deus.

AUTOESTIMA DE ACORDO COM DEUS

1. Faça o que é certo: Se você falhar em seu comportamento, como se sentirá esperançoso acerca de si mesmo? (Romanos 14.12)

2. Cuide do que você pensa: Se a sua voz interior é, na verdade, a sua crítica interior, você precisa diminuir o tom de crítica agora mesmo. Enquanto se perceber nesse estágio de crítica, comece a treinar para que seus pensamentos sejam mais racionais e menos carregados de juízo. (Filipenses 4.8)

3. Gaste tempo com entusiastas, e não com críticos: Seus amigos estão sempre colocando você para baixo? Se estiverem, mude de amigos. (Hebreus 3.13)

4. Não seja perfeccionista: Busque a excelência, mas nunca a confunda com perfeição. (Eclesiastes 11.4-6)

5. Se você está viciado em algo que não é saudável, pare; se não consegue parar, peça ajuda. Vícios, de quaisquer tipos, provocam destruição em sua vida. E confusão. E sofrimento. E baixa autoestima. (Êxodo 20.3)

COMO VENCER OS TEMPOS DIFÍCEIS

6. Encontre um propósito para a sua vida que seja maior do que você: Quando nos dedicamos a algo ou a alguém além de nós mesmos, florescemos. (Efésios 6.7)

7. Não se preocupe tanto com sua autoestima: Em vez disso, preocupe-se mais com viver uma vida agradável a Deus. Aprenda a pensar de forma otimista. Encontre um propósito pelo qual valha a pena viver. Encontre pessoas que possa amar e às quais possa servir. Quando fizer isso, sua autoestima vai, na maior parte do tempo, cuidar de si mesma.

> # "De fato, a piedade com contentamento é grande fonte de lucro."
>
> —
>
> 1 Timóteo 6.6

AUTOESTIMA DE ACORDO COM DEUS

"Tu criaste o íntimo do meu ser e me teceste no ventre de minha mãe. Eu te louvo porque me fizeste de modo especial e admirável. Tuas obras são maravilhosas! Digo isso com convicção."

Salmo 139.13-14

"Filhinhos, não amemos de palavra nem de boca, mas em ação e em verdade. Assim saberemos que somos da verdade; e tranquilizaremos o nosso coração diante dele quando o nosso coração nos condenar. Porque Deus é maior do que o nosso coração e sabe todas as coisas. Amados, se o nosso coração não nos condenar, temos confiança diante de Deus."

1João 3.18-21

"Quem obtém sabedoria ama-se a si mesmo; quem acalenta o entendimento prospera."

Provérbios 19.8

COMO VENCER OS TEMPOS DIFÍCEIS

Enquanto você e eu nos preparamos para a vida, acumulando tesouros no céu, chegamos à incrível conclusão de que nós somos tesouros de Deus!

Anne Graham Lotz

O Criador nos fez únicos. Não existe absolutamente ninguém como você, nem jamais haverá. Cada um de nós é criação especial de Deus, e está vivo para cumprir um propósito distinto.

Luci Swindoll

A comparação é a raiz de todos os sentimentos de inferioridade.

James Dobson

UM CONSELHO PARA OS DIAS DIFÍCEIS

Não cometa o erro de vender-se por qualquer coisa. Não importa o tamanho dos seus desafios, tenha certeza de que você e Deus, trabalhando juntos, podem dar conta deles.

QUESTÕES PARA REFLETIR

Eu presto atenção de verdade na mensagem
que transmito sobre mim mesmo?

Será que não tenho sido o meu pior crítico?
Será que a crítica que faço é merecida?

Eu me lembro do quanto Deus me ama... e
de que eu deveria me amar também?

UMA ORAÇÃO

*Senhor, desejo falar de maneira cordial com
todas as pessoas, o que inclui a mim mesmo.
Quando eu cometer um erro, me ajude a perdoar a
mim mesmo rápida e verdadeiramente, assim como
perdoo as demais pessoas. Amém.*

Capítulo 16

GUARDANDO OS SEUS PENSAMENTOS

"Finalmente, irmãos, tudo o que for verdadeiro, tudo o que for nobre, tudo o que for correto, tudo o que for puro, tudo o que for amável, tudo o que for de boa fama, se houver algo de excelente ou digno de louvor, pensem nessas coisas."

—

Filipenses 4.8

COMO VENCER OS TEMPOS DIFÍCEIS

Você é um cristão otimista, entusiasmado e esperançoso? Deveria ser. Afinal de contas, você tem todas as razões para ser assim no que concerne à vida aqui e na eternidade. Como William Ralph Inge afirmou: "Nenhum cristão deveria ser um pessimista, já que o cristianismo é um sistema de otimismo radical." As palavras deste homem são verdadeiras e precisas, mas muitas vezes acabamos nos sentindo pressionados pelos dias difíceis. Se você estiver se sentindo desencorajado, exausto ou as duas coisas, então é hora de perguntar a si mesmo: O que está me incomodando? Por qual razão isso tem me incomodado?

> Seus pensamentos são determinantes para decidir aquilo que o moldará. Controle seus pensamentos e você controlará a direção da sua vida.
>
> —
>
> Charles Stanley

Se você estiver preocupado com os inevitáveis desafios do dia a dia, Deus deseja ter uma pequena conversa com você. Afinal, a mais importante batalha já foi vencida na cruz do calvário. Se a sua vida foi transformada pelo sacrifício de Cristo, então você, como alguém que recebeu a graça de Deus, tem todas as razões para viver cheio de coragem.

GUARDANDO OS SEUS PENSAMENTOS

Você está disposto a viver os planos de Deus para a sua vida, seja nos dias bons ou nos dias maus? Com esperança, você confiará nele completamente. Provérbios 3.5-6 deixa isso bem claro: "Confie no SENHOR de todo o seu coração e não se apoie em seu próprio entendimento; reconheça o SENHOR em todos os seus caminhos, e ele endireitará as suas veredas."

A. W. Tozer certa vez disse: "Atitude é extremamente importante. Permita que a alma tenha a atitude de dar um passo de fé e amor em direção a Deus, e a partir desse momento a responsabilidade passa a ser dele. Ele fará valer os seus mandamentos." Essas palavras devem nos servir como um lembrete de que mesmo quando os dias parecerem assustadores, Deus permanece firme. Você também deveria estar assim.

Portanto, faça a si mesmo uma promessa e cumpra-a: prometa ser um cristão que vive cheio de esperança. Tenha uma visão otimista da sua vida, sua profissão, família, futuro e propósito. Confie na sua esperança e não no seu medo. Separe tempo para celebrar a gloriosa criação de Deus. Então, depois de ter enchido o seu coração com otimismo e esperança, compartilhe tudo isso com outras pessoas. Elas serão melhores por causa disso, e você também será.

COMO VENCER OS TEMPOS DIFÍCEIS

"Portanto, estejam com a mente preparada, prontos para agir."

1Pedro 1.13

"Aproximem-se de Deus, e ele se aproximará de vocês! Pecadores, limpem as mãos, e vocês, que têm a mente dividida, purifiquem o coração."

Tiago 4.8

"Não se amoldem ao padrão deste mundo, mas transformem-se pela renovação da sua mente, para que sejam capazes de experimentar e comprovar a boa, agradável e perfeita vontade de Deus."

Romanos 12.2

"Meu filho, guarde consigo a sensatez e o equilíbrio, nunca os perca de vista; trarão vida a você e serão um enfeite para o seu pescoço."

Provérbios 3.21-22

GUARDANDO OS SEUS PENSAMENTOS

São os pensamentos e as intenções do coração que moldam a vida de uma pessoa.

John Eldredge

Eu me dei conta de um conceito extremamente importante do qual havia me esquecido antes: minhas atitudes – e não as circunstâncias – eram o que estava me fazendo infeliz.

Vonette Bright

A atitude é o pincel da mente; ela pode colorir qualquer situação.

Barbara Johnson

UM CONSELHO PARA OS DIAS DIFÍCEIS

Seja um otimista realista. Sua atitude acerca do futuro o ajudará a criar este futuro. Por isso, pense de forma realista sobre si mesmo e sobre sua situação, sem se esquecer de fazer o esforço consciente de se concentrar naquilo que dá esperança, e não medo, a você. Quando fizer isso, você verá como as coisas funcionarão melhor.

QUESTÕES PARA REFLETIR

Eu já entendi a importância de conduzir os meus pensamentos na direção correta?

Acredito que as emoções são contagiosas e, por isso, tento me associar a pessoas que são para cima, otimistas e entusiastas?

Compreendo que quando me deleito em pensamentos positivos, me sinto melhor acerca de mim mesmo e das circunstâncias?

UMA ORAÇÃO

Pai, quero fixar minha atenção no seu amor, no seu poder, em suas promessas e em seu Filho. Quando eu estiver fraco, buscarei no Senhor por forças. Quando eu estiver preocupado, procurarei no Senhor conforto. Quando eu estiver atribulado, buscarei paciência e perspectiva no Senhor. Ajude-me a guardar os meus pensamentos, Pai, para que eu possa honrar ao Senhor hoje e sempre. Amém.

Capítulo 17

SINTONIZE A PALAVRA DE DEUS

"Toda a Escritura é inspirada por Deus e útil para o ensino, para a repreensão, para a correção e para a instrução na justiça, para que o homem de Deus seja apto e plenamente preparado para toda boa obra."

—

2Timóteo 3.16-17

COMO VENCER OS TEMPOS DIFÍCEIS

As palavras de Mateus 4.4 nos lembram que "Nem só de pão viverá o homem, mas de toda palavra que procede da boca de Deus". Como crentes, devemos estudar a Bíblia e meditar em seu significado para a nossa vida. De outra forma, estaremos nos privando de um presente valioso que foi dado pelo Criador.

> A força que buscamos na Palavra de Deus não depende das circunstâncias. As circunstâncias podem ser difíceis, mas a nossa força será suficiente para lidar com elas.
>
> —
>
> Corrie ten Boom

A Palavra de Deus é diferente de todos os demais livros. A Bíblia é um mapa para as estradas da vida aqui na terra e um guia para a eternidade. Como cristãos, somos desafiados a estudar a Palavra de Deus, seguir os seus mandamentos e compartilhar as Boas-Novas com o mundo.

Jonathan Edwards disse: "Sejam assíduos na leitura das Sagradas Escrituras. Ela é a fonte da qual todo o conhecimento de Deus deve ser derivado. Portanto, não permita que este tesouro seja negligenciado." A Palavra de Deus é, de fato, muito preciosa, um tesouro único. Uma olhada displicente para este livro é insuficiente para os cristãos que desejam obedecer a Deus e compreender a sua vontade. Afinal, o homem não vive apenas de pão...

SINTONIZE A PALAVRA DE DEUS

"Mas a palavra do Senhor permanece para sempre. Essa é a palavra que foi anunciada a vocês."

1Pedro 1.25

"Habite ricamente em vocês a palavra de Cristo; ensinem e aconselhem-se uns aos outros com toda a sabedoria, e cantem salmos, hinos e cânticos espirituais com gratidão a Deus. Tudo o que fizerem, seja em palavra ou em ação, façam-no em nome do Senhor Jesus, dando por meio dele graças a Deus Pai."

Colossenses 3.16-17

"Pois a palavra de Deus é viva e eficaz, e mais afiada que qualquer espada de dois gumes; ela penetra até o ponto de dividir alma e espírito, juntas e medulas, e julga os pensamentos e intenções do coração."

Hebreus 4.12

"Assim como a chuva e a neve descem dos céus e não voltam para eles sem regarem a terra e fazerem-na brotar e florescer, para ela produzir semente para o semeador e pão para o que come, assim também ocorre com a palavra que sai da minha boca: ela não voltará para mim vazia, mas fará o que desejo e atingirá o propósito para o qual a enviei."

Isaías 55.10-11

A PALAVRA DE DEUS REDUZ
O ESTRESSE

Se você está passando por um período de estresse, a Palavra de Deus pode ajudá-lo a encontrar alívio. E se você deseja experimentar a paz de Deus, o estudo da Bíblia pode ser de grande valia.

Warren W. Wiersbe disse: "Quando um filho de Deus olha para a Palavra de Deus, ele vê o Filho de Deus. Como consequência, ele é transformado pelo Espírito de Deus e passa a compartilhar a glória de Deus." A Bíblia é, de fato e de verdade, transformadora de vidas, redutora de estresse, tesouro precioso. Cabe a você, e somente a você, usá-la com esse fim.

Deus nos deu toda sorte de conselhos e direções em sua Palavra escrita; graças ao Senhor, nós a temos toda por escrito.

John Eldredge

Costure a Palavra de Deus em sua mente e coração. Ela permanecerá firme, mesmo que todo o resto da sua vida desmorone.

Gigi Graham Tchividjian

Ninguém jamais superou as Escrituras. O livro se expande e se torna mais profundo com o passar dos anos.

C. H. Spurgeon

A oração e as Escrituras estão sempre juntas; são inseparáveis. O poder no uso de uma depende da presença da outra.

Andrew Murray

Se você deseja saber se está pensando corretamente, confira na Palavra de Deus.

Charles Stanley

UM CONSELHO PARA OS DIAS DIFÍCEIS

Se você tem uma decisão a tomar, a Bíblia pode lhe ser útil. Se você tem perguntas a fazer, a Bíblia tem respostas a oferecer. Por isso, leve-a com você para onde for. Nunca se sabe quando precisará de socorro espiritual no meio do dia.

COMO VENCER OS TEMPOS DIFÍCEIS

QUESTÕES PARA REFLETIR

Ler a Bíblia todos os dias é uma prioridade
em minha vida?

O estudo regular da Bíblia é uma importante
fonte de sabedoria para mim?

Eu possuo algum plano sistemático de
estudo das Escrituras?

UMA ORAÇÃO

*Pai Celestial, sua Palavra é uma luz para este mundo;
eu quero estudá-la, confiar nela e compartilhá-la.
Em tudo o que eu fizer, me ajude a ser uma testemunha
digna do Senhor, compartilhando o Evangelho do seu
Filho ao mundo. Amém.*

Capítulo 18

NÃO DESISTA!

"Pois ainda que o justo caia sete vezes,
tornará a erguer-se, mas os ímpios são
arrastados pela calamidade."
—

Provérbios 24.16

COMO VENCER OS TEMPOS DIFÍCEIS

O antigo ditado é tão verdadeiro hoje quanto era quando foi dito pela primeira vez: "A vida é uma maratona, e não uma prova de cem metros rasos." É por isso que viajantes sábios (como você) escolhem um companheiro de viagem que não se cansa nem vacila. Esse companheiro, é claro, é o nosso Pai Celestial.

> Nós não desistimos. Nós olhamos para ele. Confiamos. Cremos. E o nosso otimismo não é em vão. Cristo provou que nossa esperança é verdadeira. Ele mostrou que nunca falha. Isso é o que faz de Deus, Deus.
>
> —
>
> Max Lucado

Da próxima vez em que vir sua coragem ser provada por alguma mudança inesperada, lembre-se de que Deus está tão próximo de você quanto o ar que você respira. Não esqueça também que ele oferece conforto e segurança aos filhos dele. Ele é o seu refúgio e a sua força; ele é o seu protetor e o seu libertador. Clame por ele na hora da adversidade e seja confortado. Não importa o desafio, Deus pode ajudá-lo a perseverar. E é exatamente isso que ele fará se você pedir ajuda.

Talvez você esteja apressado, desejando que Deus o ajude a resolver os seus desafios. Ou então esteja ansioso para receber as recompensas que acredita merecer. Pode ser que esteja agitado enquanto aguarda ansiosamente o agir de Deus. Se este é o seu caso, aprenda a esperar: Deus trabalha no seu próprio tempo, não no nosso. Em algumas ocasiões, Deus responderá às suas orações com o silêncio. Quando ele fizer assim, persevere pacientemente. Em tempos de dificuldade, permaneça firme e confie na misericordiosa bondade do seu Pai Celestial. Seja qual for o seu problema, Deus pode lidar com ele. Sua tarefa é continuar perseverando até que ele aja.

> # "Portanto, amados, enquanto esperam estas coisas, empenhem-se para serem encontrados por ele em paz, imaculados e inculpáveis."
>
> —
>
> 2Pedro 3.14

COMO VENCER OS TEMPOS DIFÍCEIS

"E não nos cansemos de fazer o bem, pois no tempo próprio colheremos, se não desanimarmos."

Gálatas 6.9

"Vocês precisam perseverar, de modo que, quando tiverem feito a vontade de Deus, recebam o que ele prometeu."

Hebreus 10.36

"Mas graças a Deus, que nos dá a vitória por meio de nosso Senhor Jesus Cristo. Portanto, meus amados irmãos, mantenham-se firmes, e que nada os abale. Sejam sempre dedicados à obra do Senhor, pois vocês sabem que, no Senhor, o trabalho de vocês não será inútil."

1Coríntios 15.57-58

"O fim das coisas é melhor que o seu início, e o paciente é melhor que o orgulhoso."

Eclesiastes 7.8.

NÃO DESISTA!

ELE VENCEU O MUNDO

Hoje ele é um respeitado pastor em Memphis, Tennessee. No entanto, na década de 1970, ele estava muito distante da igreja. Como um dos artistas com maior número de vendas no mundo, Al Green viveu uma vida acelerada, e não passou muito tempo falando ou pensando a respeito de Deus. Entretanto, tudo mudou quando, em 1977, Green enfrentou uma tragédia pessoal que o levou a rever a sua vida e buscar a Deus.

Hoje, o conselho do pastor Al Green é direto: "Se você tão somente permanecer ao lado de Deus, tudo sairá bem."

1João 5.4 diz: "O que é nascido de Deus vence o mundo." Isso significa que você vence o mundo. Portanto, se aquele Antigo Problema resolver fazer uma visita e bater à sua porta, lembre-se das palavras de Al Green: "Se você permanecer ao lado de Deus, ele permanecerá ao seu lado hoje, amanhã e para todo o sempre."

O sermão da sua vida nos dias difíceis ministra de forma mais poderosa ao coração das pessoas do que o mais eloquente pregador.

Bill Bright

COMO VENCER OS TEMPOS DIFÍCEIS

Quando esperamos em Deus, ele nos ajuda a usar os ventos da adversidade para voarmos acima dos nossos problemas. Como a Bíblia diz: "Os que esperam no SENHOR [...] voarão com asas como águia."

Billy Graham

Em todas as negociações de dificuldades, não é possível ao homem semear e colher de uma só vez. Ele deve preparar o seu negócio e, assim, amadurecê-lo aos poucos.

Francis Bacon

Você é um cristão? Então como é que pode estar sem esperança? Você está tão deprimido pelo tamanho dos seus problemas que desistiu de confiar? Em vez de desistir, por que não escolhe enfrentar? Você não está disposto a se concentrar em Jesus o bastante para se ocupar apenas com ele e, então, se prostrar perante os seus pés?

Anne Graham Lotz

O fracasso é um dos mais poderosos mestres da vida. Como lidamos com os nossos fracassos determina se iremos simplesmente viver ou se iremos impactar.

Beth Moore

Lembre-se: cada flor teve que lidar com toda a poeira do solo antes de florescer.

Barbara Johnson

UM CONSELHO PARA OS DIAS DIFÍCEIS

Se você não consegue enxergar uma solução para um problema em particular, por que não vai em frente e desiste de tudo de uma vez?

Porque as coisas mudam, e isso inclui os seus problemas. Mesmo que você não possa ver uma solução perfeita hoje, deve crer na possibilidade de ver uma solução perfeita amanhã; por isso, não desista diante do primeiro sinal de problema.

QUESTÕES PARA REFLETIR

Tenho alguma consideração pelo poder da perseverança?

Quando estou desencorajado, peço a Deus que me dê força?

Eu me envolvo com pessoas que me motivam a ser corajoso, otimista, confiante e persistente?

COMO VENCER OS TEMPOS DIFÍCEIS

UMA ORAÇÃO

Senhor, quando a vida é difícil, sou tentado a abandonar a esperança no futuro. Mas o Senhor é o meu Deus, e eu posso encontrar força na sua presença. Deixe-me confiar no Senhor, ó Pai, nos dias bons e nos dias maus. Permita-me perseverar – mesmo que a minha alma esteja atribulada – e seguir seu Filho Jesus Cristo, hoje e sempre. Amém.

Capítulo 19

VIVA COM CORAGEM E CONFIANÇA

"Não temerá más notícias; seu coração está firme, confiante no SENHOR. O seu coração está seguro e nada temerá. No final, verá a derrota dos seus adversários."

—

Salmo 112.7-8

COMO VENCER OS TEMPOS DIFÍCEIS

A vida de cada pessoa é uma combinação de muitos eventos: alguns maravilhosos, alguns não tão bons e outros desastrosos. Quando visitamos os lugares altos da vida, louvar a Deus não é difícil. De fato, é bem fácil. Nos momentos de triunfo nos curvamos e louvamos ao Senhor por nossas vitórias. No entanto, quando falhamos em alcançar o topo da montanha e enfrentamos as inevitáveis perdas que fazem parte da vida de todas as pessoas, achamos muito mais difícil louvar a Deus como ele merece. No entanto, seja no topo da montanha ou nos vales da vida, devemos dar graças a Deus e louvá-lo em todas as circunstâncias.

Da próxima vez que estiver preocupado com os desafios do presente ou com as incertezas do amanhã, faça a você mesmo a seguinte pergunta: "Estou realmente pronto para colocar minhas preocupações e minha vida nas mãos amorosas do Deus Todo-poderoso que conhece todas as coisas?" Se a sua resposta for positiva – e ela deve ser –, então você poderá encontrar coragem na verdadeira fonte de força, que nunca falha: seu Pai, que está no céu.

Deus não é um ser distante. Ele não se ausentou deste mundo; tampouco se ausentou do seu mundo particular. Deus não está "lá fora"; ele está "bem aqui", continuamente remodelando o universo e também a vida das pessoas que vivem nele.

VIVA COM CORAGEM E CONFIANÇA

Deus está sempre com você, ouvindo os seus pensamentos e orações, cuidando de cada passo que você dá. Se as demandas do dia a dia são pesadas demais, você pode ser tentado a ignorar a presença de Deus e – o que é pior – perder a fé em suas promessas. Entretanto, quando aquietar o coração e reconhecer a presença do Senhor, Deus tocará o seu coração e restaurará a sua coragem.

> A fé é mais forte do que o medo.
>
> —
>
> John Maxwell

Neste exato momento – enquanto você está cumprindo as suas obrigações e passando por tempos difíceis –, Deus está trabalhando em você e por seu intermédio. Ele o convida para viver abundante e corajosamente... e está disposto a ajudá-lo a viver dessa maneira. Portanto, por que não o deixar fazer isso... começando agora?

COMO VENCER OS TEMPOS DIFÍCEIS

"E acrescentou: 'Seja forte e corajoso! Mãos ao trabalho! Não tenha medo nem desanime, pois Deus, o SENHOR, o meu Deus está com você. Ele não o deixará nem o abandonará."

1Crônicas 28.20

"Portanto, temos sempre confiança e sabemos que, enquanto estamos no corpo, estamos longe do Senhor. Porque vivemos por fé, e não pelo que vemos."

2Coríntios 5.6-7

"Pois Deus não nos deu espírito de covardia, mas de poder, de amor e de equilíbrio."

2Timóteo 1.7

"O próprio SENHOR irá à sua frente e estará com você; ele nunca o deixará, nunca o abandonará. Não tenha medo! Não desanime!"

Deuteronômio 31.8

"Moisés respondeu ao povo: 'Não tenham medo. Fiquem firmes e vejam o livramento que o SENHOR trará hoje.'"

Êxodo 14.13

VIVA COM CORAGEM E CONFIANÇA

Sabendo que existe um capitão que conduz o nosso barco e que jamais permitirá que pereçamos, mesmo no meio das tempestades, não há razões para que nos sintamos pressionados em nossa mente com o medo e a preocupação.

João Calvino

Como a dinamite, o poder de Deus é apenas um poder latente até que entre em ação. Você pode fazer com que o poder de Deus entre em ação na vida das pessoas e no mundo por meio da fé, por meio das palavras e pela oração.

Bill Bright

Não permita que Satanás o engane a ponto de fazê-lo temer os planos de Deus para a sua vida.

R. A. Torrey

Não importa quão pesado seja o fardo, todos os dias você recebe uma porção de fé. Por isso, não precisamos nos preocupar com o que haverá de acontecer. Devemos simplesmente caminhar.

Annie Armstrong

Jesus Cristo pode fazer com que o homem mais fraco seja transformado em um corajoso homem de Deus, que não teme absolutamente mais nada.

Oswald Chambers

A fé pode ajudá-lo não apenas a passar por uma crise, como pode ajudá-lo a lidar com a vida depois dos tempos difíceis com uma perspectiva completamente nova. Ela pode ajudá-lo a adotar um olhar de esperança e coragem para lidar com a realidade.

John Maxwell

UM CONSELHO PARA OS DIAS DIFÍCEIS

Tendo Deus ao seu lado, não há nada que você deva temer. Porque você e Deus, trabalhando juntos, podem enfrentar qualquer situação. Portanto, da próxima vez que precisar de uma dose extra de coragem, renove a sua relação pessoal com o Criador de forma ainda mais intensa. Quando você, sinceramente, se vira para Deus, ele jamais o desaponta.

QUESTÕES PARA REFLETIR

Eu considero Deus como um parceiro para
cada aspecto da minha vida?

Peço a Deus que resolva os problemas que
são grandes demais para mim?

Estou disposto a entregar o futuro – o meu
futuro – nas mãos de Deus?

UMA ORAÇÃO

*Senhor, às vezes enfrento situações que parecem tirar
o meu fôlego. Quando eu estiver temeroso, deixe-me
descansar no Senhor. Não me deixe esquecer, Senhor,
que da sua presença vem a minha força e proteção. Com
o Senhor ao meu lado, não há nada que eu precise temer.
Além disso, tendo o seu Filho Jesus como meu Salvador,
recebi o presente maravilhoso da vida eterna. Ajude-me a
ser grato e corajoso, como servo, hoje e sempre. Amém.*

Capítulo 20

VOCÊ NUNCA ESTÁ SOZINHO

"O próprio SENHOR irá à sua frente e estará com você; ele nunca o deixará, nunca o abandonará. Não tenha medo! Não desanime!"

—

Deuteronômio 31.8

COMO VENCER OS TEMPOS DIFÍCEIS

Se Deus está em todos os lugares, por que às vezes ele parece tão distante? A resposta a essa pergunta, obviamente, não tem absolutamente nada a ver com Deus; ela tem tudo a ver conosco.

Quando começamos o nosso dia de joelhos, em louvor e adoração a Deus, ele parece sempre muito perto. Por outro lado, quando ignoramos sua presença ou – o que é pior – nos rebelamos contra ele, o mundo no qual vivemos parece se transformar em um deserto.

> Deus está no meio do que quer que tenha acontecido, esteja acontecendo ou venha a acontecer.
>
> —
>
> Charles Swindoll

Você está cansado, sem coragem e com medo? Seja confortado na certeza de que Deus está com você. Está confuso ou amargurado? Converse com Deus e busque a direção dele. Você está celebrando uma grande vitória? Agradeça a Deus e louve o nome do Senhor. Ele é aquele de quem vêm todas as bênçãos.

Seja qual for a condição na qual você se encontra, onde quer que esteja, estando triste ou feliz, vitorioso ou derrotado, atribulado ou triunfante, celebre a presença de Deus.

VOCÊ NUNCA ESTÁ SOZINHO

"Aproximem-se de Deus, e ele se aproximará de vocês! Pecadores, limpem as mãos, e vocês, que têm a mente dividida, purifiquem o coração."

Tiago 4.8

"Não os deixarei órfãos; voltarei para vocês."

João 14.18

"E este é o seu mandamento: Que creiamos no nome de seu Filho Jesus Cristo e que nos amemos uns aos outros, como ele nos ordenou. Os que obedecem aos seus mandamentos nele permanecem, e ele neles. Do seguinte modo sabemos que ele permanece em nós: pelo Espírito que nos deu."

1João 3.23-24

"Pois os olhos do SENHOR estão atentos sobre toda a terra para fortalecer aqueles que lhe dedicam totalmente o coração. Nisso você cometeu uma loucura. De agora em diante terá que enfrentar guerras."

2Crônicas 16.9

PASSANDO MOMENTOS DE
SILÊNCIO COM DEUS

Vivemos em um mundo em constante mudança e altamente acelerado. As demandas do dia a dia parecem nos pressionar algumas vezes, mas quando desaceleramos e buscamos a presença do amoroso Deus, convidamos a sua paz para que inunde o nosso coração.

Você separa tempos de silêncio para passar a sós com o seu Criador? Deveria fazê-lo. Durante esses momentos de calma você pode sentir a presença do poder e do amor de Deus.

As conhecidas palavras do Salmo 46.10 nos lembram: "Parem de lutar! Saibam que eu sou Deus!" Quando fazemos isso, encontramos a maravilhosa presença do nosso Pai Celestial amoroso e somos confortados pela lembrança de que Deus não apenas está perto. Ele está aqui.

VOCÊ NUNCA ESTÁ SOZINHO

"Deus fez isso para que os homens o buscassem e talvez, tateando, pudessem encontrá-lo, embora não esteja longe de cada um de nós."

—

Atos 17.27

COMO VENCER OS TEMPOS DIFÍCEIS

Deus não está mais preocupado com o tempo da revelação dos seus propósitos no universo do que um autor de um romance está preocupado com o tempo imaginário do desenrolar de sua obra. Ele tem um grau infinito de atenção a oferecer a cada um de nós. Ele não precisa lidar conosco em massa. Você está tão sozinho com ele como se fosse o único ser que ele houvesse criado. Quando Cristo morreu, ele morreu por você individualmente, como se você fosse o único homem no mundo.

C. S. Lewis

O silêncio de Deus não é de forma alguma um medidor do seu envolvimento em nossa vida. Ele pode estar em silêncio e, ainda assim, estar trabalhando.

Charles Swindoll

Coloque-se na presença do Pai amoroso. Simplesmente se coloque diante dele e olhe para a face dele; pense no amor de Deus, seu maravilhoso, doce e misericordioso amor.

Andrew Murray

VOCÊ NUNCA ESTÁ SOZINHO

Nós deveríamos aprender a viver na presença do Deus vivo. Ele deve ser um bem precioso para nós: deleitável, confortador, infalível, fonte de vida eterna (João 4.14). Quando confiamos em outras pessoas, suas fontes, cedo ou tarde, secarão. Todavia, a presença do Criador nunca deixará de nos nutrir.

C. H. Spurgeon

Certamente Deus está conosco em tempos difíceis, e esta é uma verdade confortante. Mas, veja: Jesus deseja ser parte de cada experiência e cada momento de nossa vida.

Billy Graham

UM CONSELHO PARA OS DIAS DIFÍCEIS

Você tem tido problemas para ouvir Deus falar? Se sua resposta for positiva, desacelere um pouco o seu ritmo, evite distrações e fique atento. Deus tem coisas importantes para dizer; sua tarefa é se acalmar e escutar a voz do Senhor.

QUESTÕES PARA REFLETIR

Acredito que Deus busca uma relação íntima e pessoal comigo?

Entendo que todas as vezes que sinto Deus distante, essa distância tem a ver comigo, e não com o Senhor?

Estou disposto a aquietar meu coração o suficiente para sentir a presença e o amor de Deus?

UMA ORAÇÃO

Pai Celestial, mesmo quando me parece que o Senhor está distante, sei que o Senhor está sempre ao meu lado. Hoje, e em cada um dos meus dias, eu me esforçarei para sentir a sua presença e para sentir o seu amor por mim. Amém.

Capítulo 21

ADORE A DEUS TODOS OS DIAS

"Deus é espírito, e é necessário que os seus adoradores o adorem em espírito e em verdade."

—

João 4.24

COMO VENCER OS TEMPOS DIFÍCEIS

Você separa tempo diariamente para adorar o seu Pai Celeste ou espera o domingo chegar para agradecer-lhe pelas bênçãos? A resposta a essa pergunta influenciará, em grande medida, a qualidade e a direção da sua vida espiritual.

> Adorar a Deus em verdade significa adorá-lo sinceramente, sem hipocrisia, permanecendo aberto e transparente diante dele.
>
> —
>
> Anne Graham Lotz

Quando adoramos a Deus todos os dias, somos abençoados. Quando falhamos em adorá-lo, seja qual for a razão, nos privamos de receber muitas das bênçãos que ele tem para nós.

Cada dia traz consigo inúmeras oportunidades para colocarmos Deus no lugar que lhe é devido: no centro da nossa vida. Quando fazemos isso, nós o adoramos não apenas em palavras, mas também em obras, que é como deve ser. Para os cristãos, Deus vem em primeiro lugar. Sempre em primeiro lugar.

ADORE A DEUS TODOS OS DIAS

Jesus lhe disse: "Retire-se, Satanás! Pois está escrito: 'Adore ao Senhor, o seu Deus, e só a ele preste culto.'"

Mateus 4.10

"Prestem culto ao SENHOR com alegria; entrem na sua presença com cânticos alegres. Reconheçam que o SENHOR é o nosso Deus. Ele nos fez e somos dele: somos o seu povo, e rebanho do seu pastoreio."

Salmo 100.2-3

"Como é feliz o povo que aprendeu a aclamar-te, SENHOR, e que anda na luz da tua presença!"

Salmo 89.15

"Por isso Deus o exaltou à mais alta posição e lhe deu o nome que está acima de todo nome, para que ao nome de Jesus se dobre todo joelho, nos céus, na terra e debaixo da terra, e toda língua confesse que Jesus Cristo é o Senhor, para a glória de Deus Pai."

Filipenses 2.9-11

SEMPRE DÊ GRAÇAS

As palavras de 1Tessalonicenses 5.18 nos lembram que devemos dar graças em todas as circunstâncias da vida. Às vezes, no entanto, quando o nosso coração se encontra atribulado e a vida parece fugir do nosso controle, não ficamos tão dispostos a agradecer ao Criador (ou a ninguém mais). Porém, a Palavra de Deus é clara: Em todas as circunstâncias o nosso Pai nos oferece seu amor, sua força e sua graça. E, em todas as circunstâncias, nós devemos agradecer-lhe.

Você já agradeceu a Deus hoje pelas suas incontáveis bênçãos? Já ofereceu suas orações sinceras e seu louvor verdadeiro a ele? Se não, é tempo de desacelerar e fazer uma oração de gratidão àquele que lhe deu vida nesta terra e por toda a eternidade.

Se você é um cristão que reflete bastante, então deve ser também um cristão que ora muito. Não importam quais sejam as circunstâncias, você deve a Deus muito mais do que será capaz de oferecer; deve a ele a gratidão mais profunda do seu coração. Por isso, agradeça... e permaneça agradecendo ao Senhor hoje, amanhã e para sempre.

Sou da opinião de que nós não deveríamos nos preocupar em trabalhar para Deus, até que entendêssemos verdadeiramente o que significa desfrutar do prazer de adorá-lo.

A. W. Tozer

Adoração é algo espiritual. Nossa adoração deve ser muito mais do que apenas palavras lançadas; ela deve acontecer no nosso espírito.

Franklin Graham

Adorar é uma tarefa árdua. Cada um adora de uma forma. Todos, no entanto, devem adorar.

Max Lucado

UM CONSELHO PARA OS DIAS DIFÍCEIS

A adoração nos lembra uma importante verdade: Deus é grande o bastante para lidar com os nossos problemas. Mas isso não é tudo: quando você adora a Deus com um coração sincero, ele guia os seus passos e abençoa a sua vida.

QUESTÕES PARA REFLETIR

Creio que é importante adorar a Deus em todos os dias da semana, e não apenas aos domingos?

Creio que é importante adorar a Deus regularmente com a minha comunidade de fé?

Tenho um lugar de quietude para onde posso ir, um lugar em que Deus parece especialmente perto de mim?

UMA ORAÇÃO

Pai Celestial, que o dia de hoje, e cada novo dia, seja um tempo de adoração. Que eu adore ao Senhor, não apenas com gestos e palavras, mas também com o meu coração. Nos momentos de quietude do meu dia, que eu adore o Senhor e agradeça-lhe por me criar, me amar, me guiar e me salvar. Amém.

Capítulo 22

CONSIDERE AS POSSIBILIDADES

"Pois nada é impossível para Deus."

—

Lucas 1.37

COMO VENCER OS TEMPOS DIFÍCEIS

Você tem medo de pedir a Deus que faça grandes coisas – ou de provocar grandes mudanças – em sua vida? Sua fé está frágil e desgastada? Se estiver, é tempo de abandonar suas dúvidas e resgatar sua confiança nas promessas do Senhor.

O Senhor é um Deus de infinitas possibilidades. Algumas vezes, no entanto, por causa da nossa fé e de nossa compreensão limitadas, entendemos, equivocadamente, que ele não pode nem vai intervir nos afazeres dos homens. Essa é uma ideia completamente errada.

> As adversidades dos homens são grandes oportunidades para Deus.
>
> —
>
> Matthew Henry

A Palavra deixa claro: absolutamente nada é impossível para Deus. E já que a Bíblia quer dizer exatamente o que está escrito nestas palavras, você pode ser confortado na certeza de que o Criador do universo pode operar milagres em sua vida e na vida dos seus amados. Seu desafio, como alguém que crê, é deixar Deus trabalhar enquanto aguarda o milagre chegar.

CONSIDERE AS POSSIBILIDADES

"Esqueçam o que se foi; não vivam no passado. Vejam, eu estou fazendo uma coisa nova! Ela já está surgindo! Vocês não a reconheceram? Até no deserto vou abrir um caminho, e riachos no ermo."

Isaías 43.18-19

"Aproveitem ao máximo todas as oportunidades."

Colossenses 4.5

"E não nos cansemos de fazer o bem, pois no tempo próprio colheremos, se não desanimarmos. Portanto, enquanto temos oportunidade, façamos o bem a todos, especialmente aos da família da fé."

Gálatas 6.9-10

"Meus irmãos, considerem motivo de grande alegria o fato de passarem por diversas provações, pois vocês sabem que a prova da sua fé produz perseverança. E a perseverança deve ter ação completa, a fim de que vocês sejam maduros e íntegros, sem que falte a vocês coisa alguma."

Tiago 1.2-4

OPORTUNIDADES EM TODO LUGAR

Ao olhar para as paisagens da sua vida, você consegue ver oportunidades, possibilidades e bênçãos ou fica focado, ao contrário, no cenário negativo? Você passa mais tempo contando as suas bênçãos ou as suas desgraças? Caso possua o péssimo hábito de permanecer focado nas desgraças e no lado negativo da vida, então sua visão espiritual precisa ser corrigida.

Você pode não se dar conta, mas oportunidades estão surgindo ao seu redor, assim como brilham no céu as estrelas: é tão belo observar, mas não é possível contar, pois são muitas. Acontece que você está tão ocupado com os desafios do dia a dia que nem percebe as oportunidades que Deus lhe dá. É por isso que de vez em quando precisa desacelerar, respirar fundo e focar seus pensamentos em duas coisas: os talentos que Deus lhe concedeu e as oportunidades que ele pôs diante de você. Ele está conduzindo sua vida em direção a essas oportunidades. Sua tarefa é observar cuidadosamente, orar fervorosamente e agir de acordo com sua fé.

CONSIDERE AS POSSIBILIDADES

Às vezes Deus fecha uma porta diante de nós para que outras – pelas quais ele deseja que atravessemos – sejam abertas.

Catherine Marshall

Não é verdade que nós passamos por incontáveis bênçãos sem as percebermos, porque estamos com os nossos olhos fixos nos problemas e dificuldades que estamos enfrentando? Não é verdade que falamos mais sobre nossos problemas, até que nosso horizonte seja preenchido apenas com eles, chegando até mesmo a pensar que não temos bênção alguma para contar, só adversidade?

Hannah Whitall Smith

Permita que os seus sonhos ocupem um lugar especial nas suas orações e nos seus planos. Sonhos que vêm da parte do Senhor podem ajudá-lo a dirigir-se para o futuro que Deus preparou.

Barbara Johnson

Deus é especialista em pegar tragédias e transformá-las em triunfo. Quanto maior a tragédia, maior o potencial para o triunfo.

Charles Stanley

Quando Deus está envolvido, qualquer coisa pode acontecer. Esteja aberto e permaneça no caminho. Deus tem uma forma linda de fazer boa música com instrumentos quebrados.

Charles Swindoll

Tenha um olhar diferente sobre si e sobre as coisas que o cercam. Aquilo que você denuncia como sendo grandes limitações ou problemas são exatamente o que você mais deseja. O que você chama de obstáculo e empecilho provavelmente são oportunidades de Deus.

Horace Bushnell

UM CONSELHO PARA OS DIAS DIFÍCEIS

Mantenha o foco nas oportunidades, e não nos obstáculos. As estradas da vida são cheias de buracos e desvios. É evidente que você os encontrará de vez em quando, assim como as pessoas de sua família. No entanto, não gaste muita energia focando nas desgraças passadas. Nas estradas da vida, a murmuração pode ser um beco sem saída.

CONSIDERE AS POSSIBILIDADES

QUESTÕES PARA REFLETIR

Eu coloco a minha esperança no Senhor?

Busco em oração entender os planos de Deus
para a minha vida?

Crio limitações em mim e também no
poder de Deus para me usar no cumprimento
dos seus propósitos?

UMA ORAÇÃO

*Senhor, quero a coragem para sonhar e a fidelidade
para confiar no seu perfeito plano para a minha
vida. Quando eu estiver preocupado, me dê força para
o dia de hoje e vigor para o amanhã. Hoje, Pai, quero
confiar no Senhor e honrá-lo com os meus pensamentos,
com as minhas orações, com as minhas ações e com os
meus sonhos. Amém.*

Capítulo 23

FAZENDO O QUE DEVE SER FEITO AGORA

*"Quem fica observando o vento não plantará,
e quem fica olhando para as nuvens não colherá."*

—

Eclesiastes 11.4

COMO VENCER OS TEMPOS DIFÍCEIS

Quando as inevitáveis mudanças da vida parecem fazer muita pressão, é fácil (e tentador) evitar as tarefas difíceis que, se possível, você deixaria bem longe. O hábito da procrastinação, acredite, custa caro: primeiro, um trabalho importante não é terminado. Depois, uma energia valiosa é desperdiçada em tarefas que não foram concluídas.

Deus criou um mundo que pune a procrastinação e recompensa os homens e as mulheres que "fazem agora".

> Agora não facilmente se transforma em nunca.
>
> —
>
> Martinho Lutero

Em outras palavras, a vida não protela. E nem você deveria fazê-lo. Por isso, se você tem deixado as coisas de lado em vez de resolvê-las, aqui vão algumas dicas do que você pode fazer:

1. Tenha uma clara noção dos seus objetivos de curto e longo prazos e estabeleça prioridades que estejam de acordo com esses objetivos.

2. Quando estiver diante de tarefas desagradáveis, realize-as imediatamente, de preferência logo cedo de manhã (mesmo se a tarefa for uma atividade de baixa prioridade, vá adiante e faça logo o que precisa ser feito). Eliminar tarefas desagradáveis logo de manhã

FAZENDO O QUE DEVE SER FEITO AGORA

vai melhorar a qualidade do seu dia e evitar que você gaste muita energia no processo de luta interna.

3. Evite a armadilha do perfeccionismo. Esteja disposto a fazer o seu melhor, mas esteja satisfeito com os seus resultados.

4. Se você não tiver, adquira um programa de planejamento diário ou semanal que se ajuste às suas necessidades. Se usado corretamente, um calendário de planejamento vale muito mais do que o valor que você pagará por ele.

5. Comece cada dia de trabalho com uma lista do que fazer, esboçada de acordo com o grau de importância das atividades. Na hora do almoço, tire um momento para refletir, reexaminar sua lista e focar seus esforços nas coisas mais importantes a serem feitas no resto do dia.

"Se você vacila no dia da dificuldade, como será limitada a sua força!"

—

Provérbios 24.10

COMO VENCER OS TEMPOS DIFÍCEIS

"O preguiçoso não ara a terra na estação própria; mas na época da colheita procura, e não acha nada."

Provérbios 20.4

"Quando você fizer um voto, cumpra-o sem demora, pois os tolos desagradam a Deus; cumpra o seu voto."

Eclesiastes 5.4

"Comportemo-nos com decência, como quem age à luz do dia, não em orgias e bebedeiras, não em imoralidade sexual e depravação, não em desavença e inveja. Ao contrário, revistam-se do Senhor Jesus Cristo, e não fiquem premeditando como satisfazer os desejos da carne."

Romanos 13.13-14

"Tudo o que fizerem, façam de todo o coração, como para o Senhor, e não para os homens."

Colossenses 3.23

FAZENDO O QUE DEVE SER FEITO AGORA

Descobri que a pior coisa a se fazer quando estou em uma situação de pressão é desistir de lidar com ela.

John Maxwell

Faça o trabalho indesejado primeiro e depois aproveite o resto do dia.

Marie T. Freeman

Nunca confunda atividade com produtividade.

Rick Warren

Faça coisas nobres; não sonhe com elas o dia inteiro.

Charles Kingsley

UM CONSELHO PARA OS DIAS DIFÍCEIS

O hábito da procrastinação geralmente está enraizado no medo do fracasso, no medo do desconforto e no medo da vergonha. Seu desafio é confrontar esses medos e vencê-los.

QUESTÕES PARA REFLETIR

Quando algo precisa ser feito, eu busco sabedoria para fazer o quanto antes?

O medo do futuro está me puxando para trás?

Quando me deparo com uma atividade que não desejo encarar, ajo imediatamente ou cultivo o péssimo hábito da procrastinação?

UMA ORAÇÃO

Senhor, quando eu for confrontado por coisas que precisam ser feitas, que eu tenha a coragem e a sabedoria de fazê-las de maneira imediata, sem deixar tudo para depois. Amém.

Capítulo 24

FOCADO DEMAIS NOS BENS MATERIAIS?

"Não acumulem para vocês tesouros na terra, onde a traça e a ferrugem destroem e onde os ladrões arrombam e furtam. Mas acumulem para vocês tesouros nos céus, onde a traça e a ferrugem não destroem e onde os ladrões não arrombam nem furtam. Pois onde estiver o seu tesouro, aí também estará o seu coração."

—

Mateus 6.19-21

COMO VENCER OS TEMPOS DIFÍCEIS

Com grande frequência canalizamos nossas emoções e pensamentos buscando acumular tesouros desta terra, criando níveis altíssimos de estresse em nossa vida e deixando muito pouco tempo para acumular tesouros onde eles realmente são valiosos: no céu. Nossos bens materiais têm o potencial de nos oferecer grandes benefícios – dependendo da forma como os utilizemos. Se permitirmos que as coisas que possuímos nos possuam, então pagaremos um preço altíssimo por invertermos as nossas prioridades.

> O verdadeiro contentamento vem da presença de Deus no coração, e não da riqueza nas mãos.
>
> —
>
> Warren W. Wiersbe

Nossa sociedade intencionalmente coloca o foco nas coisas materiais, mas a Palavra de Deus nos ensina que o dinheiro tem um valor pequeno quando comparado aos dons espirituais que o Criador oferece àqueles que o colocam como prioridade em sua vida. Por isso, coloque hoje mesmo seus bens em perspectiva. Lembre-se de que Deus deve ocupar o primeiro lugar, e que todo o resto deve estar em segundo plano. Quando você dá a Deus o lugar certo em seu coração, passa a ter uma visão mais clara das coisas que realmente importam. Assim, pode agradecer com alegria ao seu Pai Celestial pelas bênçãos espirituais que são, de fato, incontáveis.

FOCADO DEMAIS NOS BENS MATERIAIS?

"Não amem o mundo nem o que nele há. Se alguém amar o mundo, o amor do Pai não está nele."

1João 2.15

"Quem confia em suas riquezas certamente cairá, mas os justos florescerão como a folhagem verdejante."

Provérbios 11.28

"Pois, que adianta ao homem ganhar o mundo inteiro e perder a sua alma? Ou, o que o homem poderia dar em troca de sua alma?"

Marcos 8.36-37

"Porque onde estiver o seu tesouro, ali estará também o seu coração."

Lucas 12.34

"Pois nada trouxemos para este mundo e dele nada podemos levar; por isso, tendo o que comer e com o que vestir-nos, estejamos com isso satisfeitos."

1Timóteo 6.7-8

NOSSA VERDADEIRA RIQUEZA

Quão importante é para você o tesouro material que acumulou? Não é tão importante quanto você acredita. Na vida de um verdadeiro cristão, os bens materiais devem cumprir um papel pequeno. Na verdade, quando nos tornamos obcecados com as coisas que possuímos, nos distanciamos da paz que Deus oferece aos que o colocam no centro de sua vida.

É claro que todos nós precisamos do suprimento das nossas necessidades básicas, mas uma vez que o básico nos é suprido, o que nos sobra de dinheiro acaba por nos trazer mais problemas do que soluções. Sabemos que nossa verdadeira riqueza não vem deste mundo. Nunca seremos verdadeiramente ricos, até que sejamos ricos espiritualmente.

Você está preso nas preocupações deste mundo material? Se estiver, é tempo de reconsiderar suas prioridades e direcionar o seu pensamento e as suas orações para questões mais importantes. É hora de começar a acumular uma riqueza que durará por toda a eternidade: a riqueza espiritual.

FOCADO DEMAIS NOS BENS MATERIAIS?

O estilo de vida da classe média da sociedade atual tornou-se um padrão tão normal em nossas igrejas, que nós pouco discernimos o conflito existente entre ele e o padrão de vida cristão prescrito no Novo Testamento.

Tony Campolo

Nós nos tornamos letárgicos espirituais quando fazemos a dieta do materialismo.

Mary Morrison Suggs

A ganância escraviza. Quanto mais você tem, mais você quer ter – até que, mais cedo ou mais tarde, a avareza consome o seu coração.

Kay Arthur

UM CONSELHO PARA OS DIAS DIFÍCEIS

O mundo tenta convencê-lo de que o dinheiro e os bens materiais podem trazer felicidade. Não acredite nisso! A verdadeira felicidade não vem do dinheiro nem das coisas que o dinheiro pode comprar – a começar pelo seu relacionamento com Deus e com o seu amado Filho.

COMO VENCER OS TEMPOS DIFÍCEIS

QUESTÕES PARA REFLETIR

Verdadeiramente acredito que as riquezas materiais não me trarão felicidade duradoura?

Entendo que as minhas posses, na verdade, pertencem a Deus e faço uso delas para o seu propósito?

A forma como gasto meu dinheiro reflete os valores que guardo no coração? Eu me considero um bom mordomo destes recursos?

UMA ORAÇÃO

Pai Celestial, sou tão abençoado quando coloco a minha atenção no Senhor. Quando coloco o meu foco nos bens materiais fico muito atribulado. Faça com que as minhas prioridades sejam agradáveis ao Senhor, ó Pai, e me faça um servo digno do seu Filho. Amém.

Capítulo 25

ENCONTRANDO FORÇA

"Tudo posso naquele que me fortalece."

—

Filipenses 4.13

COMO VENCER OS TEMPOS DIFÍCEIS

O amor e o cuidado de Deus nunca mudam. Do nascimento à sepultura, Deus prometeu lhe dar a força necessária para enfrentar os desafios. Ele prometeu que sustentaria sua vida e guiaria os seus passos, se você lhe permitisse. O Senhor prometeu que sempre que você confiasse a sua vida completamente e sem reservas nas mãos dele, ele lhe daria a coragem necessária para enfrentar qualquer desafio e a sabedoria esperada para viver na justiça de Deus.

As mãos de Deus sustentam aqueles que têm o coração e as orações voltadas para ele. Você deseja ser contado entre os que fazem isso? Você aceitará a paz de Deus e se revestirá da armadura divina contra as tentações e as distrações do nosso perigoso mundo? Se você fizer isso, poderá viver corajosamente e de maneira otimista, sabendo que foi tocado pelas amorosas, infalíveis e sustentadoras mãos de Deus.

> Quando os desafios chegarem diante de você – o que inevitavelmente acontecerá –, não dê meia-volta. Corra para os braços do seu Deus e Pai.
>
> —
>
> Kay Arthur

ENCONTRANDO FORÇA

"Seja forte e lutemos com bravura pelo nosso povo e pelas cidades do nosso Deus. E que o Senhor faça o que for de sua vontade."

1Crônicas 19.13

"Mas ele me disse: 'Minha graça é suficiente para você, pois o meu poder se aperfeiçoa na fraqueza.'"

2Coríntios 12.9

"Finalmente, fortaleçam-se no Senhor e no seu forte poder."

Efésios 6.10

"O SENHOR é a minha força e a minha canção."

Êxodo 15.2

"Mas aqueles que esperam no SENHOR renovam as suas forças. Voam alto como águias; correm e não ficam exaustos, andam e não se cansam."

Isaías 40.31

DEUS É SUFICIENTE

Você pode ter certeza disso: Deus é suficiente para satisfazer as suas necessidades. Ponto.

As demandas da vida parecem pesadas demais? Se a resposta for afirmativa, você precisa aprender a descansar não em seus próprios recursos, mas nas promessas do seu Pai, que está nos céus. Deus o sustentará pelas mãos e caminhará ao seu lado e de sua família, se você lhe permitir. Portanto, mesmo que as circunstâncias sejam difíceis, confie no seu Pai.

Deus promete que está "perto dos que têm o coração quebrantado" (Salmo 34.18). Quando estamos atribulados, devemos nos voltar para ele e encorajar os nossos amigos e familiares a fazerem a mesma coisa.

Caso esteja se sentindo desencorajado pelas demandas inevitáveis da vida, lembre-se desta verdade: o coração amoroso de Deus é suficiente para suprir qualquer necessidade e enfrentar qualquer desafio... incluindo os seus.

O mesmo Deus que ofereceu poder a Sansão, Gideão e Paulo está interessado em encher a nossa vida com o mesmo poder; afinal, ele permanece o mesmo.

Bill Hybels

A força divina é dada àqueles que se lançam ao Pai e obedecem ao que ele diz.

Warren W. Wiersbe

Se abraçarmos os projetos de Deus, teremos o poder de Deus – e não o contrário.

E. Stanley Jones

UM CONSELHO PARA OS DIAS DIFÍCEIS

Da próxima vez que você for tentado a desistir de si mesmo, lembre-se de que o Senhor nunca, nunca, nunca desistirá de você. Quando Deus está ao seu lado, você não tem nada a temer.

QUESTÕES PARA REFLETIR

Eu fico mais forte e corajoso quando permito que
Cristo habite o centro do meu coração?

A oração me fortalece?

Entendo a importância de me exercitar
regularmente e descansar sensivelmente?

UMA ORAÇÃO

*Deus, a vida não é fácil. Às vezes fico preocupado,
sobrecarregado e com o coração partido. No entanto,
quando meus olhos são postos no Senhor, Pai, sou
fortalecido. Quando estou fraco, o Senhor me levanta.
Hoje, eu volto os meus olhos para o Senhor, em busca
de força, esperança e salvação. Amém.*

Capítulo 26

A NECESSIDADE DE PERDOAR

"Livrem-se de toda amargura, indignação e ira, gritaria e calúnia, bem como de toda maldade. Sejam bondosos e compassivos uns para com os outros, perdoando-se mutuamente, assim como Deus os perdoou em Cristo."

—

Efésios 4.31-32

COMO VENCER OS TEMPOS DIFÍCEIS

Já foi dito que a vida é um exercício constante de perdão. A isso deveria ser adicionada a verdade de que o perdão é essencial para superar os dias difíceis.

Jesus compreendeu a importância do perdão quando disse: "Amem os seus inimigos e orem por aqueles que os perseguem" (Mateus 5.44). Algumas vezes, porém, perdoar é bem difícil.

Quando somos feridos ou envergonhados, sentimos a necessidade de revidar e ferir aqueles que nos fizeram mal. No entanto, Cristo nos aconselha a fazer o contrário. Jesus nos ensina que perdoar é o caminho de Deus, e que a misericórdia é parte essencial do seu plano para a nossa vida. Em suma, somos ordenados a trazer a ferramenta do perdão para a dinâmica da nossa vida.

> Ser cristão
> é perdoar o
> imperdoável,
> assim como
> Deus perdoou o
> imperdoável em
> você.
>
> —
>
> C. S. Lewis

Você investe mais tempo do que deveria pensando no passado? Você está atribulado por sentimentos de raiva, amargura, inveja ou arrependimento? Deseja mal a alguém que você não consegue perdoar? Se sua resposta a essas perguntas for sim, é tempo de, sinceramente, levar o perdão a sério.

A NECESSIDADE DE PERDOAR

Quando alguém o fere, o ato de perdoar é desafiador, mas é necessário. Até que faça isso, você é tentado de diversas formas. E se você já tentou perdoar e simplesmente não conseguiu? A solução para o seu dilema é essa: você deve fazer do perdão uma prioridade em sua vida.

A maioria de nós não gasta muito tempo pensando sobre o perdão; em vez disso, nos preocupamos com as injustiças que sofremos e com as pessoas que nos afligem. Deus tem um plano melhor: ele quer que vivamos no presente, não no passado, e ele sabe que, a fim de fazê-lo, devemos perdoar aqueles que nos prejudicaram.

Você já transformou o perdão em uma prioridade? Já pediu perdão a Deus por causa da sua incapacidade de perdoar? Já orou para que o sentimento de raiva seja retirado do seu coração? Se já tiver feito isso, parabéns. Caso ainda não tenha feito, talvez seja hora de deixar para trás as lembranças dos tempos difíceis e libertar-se das correntes da amargura e ressentimento.

COMO VENCER OS TEMPOS DIFÍCEIS

"E, quando estiverem orando, se tiverem alguma coisa contra alguém, perdoem-no, para que também o Pai celestial perdoe os seus pecados."

Marcos 11.25

"Pois se perdoarem as ofensas uns dos outros, o Pai celestial também perdoará vocês. Mas se não perdoarem uns aos outros, o Pai celestial não perdoará as ofensas de vocês."

Mateus 6.14-15

"Bem-aventurados os misericordiosos, pois obterão misericórdia."

Mateus 5.7

"Então Pedro aproximou-se de Jesus e perguntou: 'Senhor, até quantas vezes deverei perdoar a meu irmão quando ele pecar contra mim? Até sete vezes?' Jesus respondeu: 'Eu digo a você: Não até sete, mas até setenta vezes sete.'"

Mateus 18.21-22

A NECESSIDADE DE PERDOAR

Deus espera que perdoemos aos outros como ele nos perdoou; devemos seguir o seu exemplo cultivando um coração perdoador.

Vonette Bright

Quantas vezes devemos perdoar outra pessoa? O mesmo número de vezes que esperemos que Deus nos perdoe.

Marie T. Freeman

O perdão é a melhor resposta, não apenas porque nos liberta da pessoa que perdoamos, mas também porque nos liberta para vivermos aquilo que Deus tem para nós.

Stormie Omartian

Acredito que o perdão deva ser um ciclo contínuo: porque Deus nos perdoa, nós perdoamos aos outros; porque perdoamos aos outros, Deus nos perdoa. As Escrituras nos apresentam ambas as partes deste ciclo.

Shirley Dobson

O perdão é a chave que destrava as portas do ressentimento e as cadeias do ódio. É o poder que quebra as correntes da amargura e do individualismo.

Corrie ten Boom

Às vezes precisamos de uma faxina no coração.

Catherine Marshall

Dois exercícios de misericórdia libertam um homem: perdoe e você será perdoado, e dê e você receberá.

Agostinho

UM CONSELHO PARA OS DIAS DIFÍCEIS

Pense hoje nas pessoas que você ainda precisa perdoar. Em seguida, peça a Deus que o ajude a perdoá-las. Lembre-se de que quando oferece perdão a outras pessoas, você dá a si mesmo um presente. Lembre-se, também, de que Deus não disse que o perdão é opcional; é um mandamento.

QUESTÕES PARA REFLETIR

Estou disposto a reconhecer o papel importante
que o perdão desempenha em minha vida?

Estou disposto a perdoar aqueles que me feriram,
ainda que isso seja muito difícil?

Acredito que o perdão é como correr uma
maratona (e não uma prova de curta distância),
e estou disposto a pedir a Deus que me ajude a ir
além das emoções de amargura e remorso?

UMA ORAÇÃO

*Pai Celestial, o perdão é um mandamento, e sei
que devo perdoar assim como o Senhor me perdoou.
Mesmo assim, o perdão genuíno é algo tão difícil de
oferecer. Ajude-me a perdoar aqueles que me fizeram mal,
e me livre das armadilhas da raiva e da amargura. O
perdão é o caminho do Senhor, ó Pai. Ajude-me a fazer
dele o meu caminho também. Amém.*

Capítulo 27

HORA DE SE OCUPAR

"Tudo o que fizerem, façam de todo o coração, como para o Senhor, e não para os homens."

—

Colossenses 3.23

COMO VENCER OS TEMPOS DIFÍCEIS

Superar os dias difíceis não é tarefa fácil – exige de nós muito trabalho. Portanto, se você estiver enfrentando adversidades, sejam quais forem as suas naturezas, tenha certeza de que Deus tem um trabalho importante para você... Ele, porém, não o forçará a fazê-lo. Desde os dias de Adão e Eva, Deus tem permitido aos seus filhos que façam escolhas próprias, e é assim até os dias de hoje. Você tanto pode ir fundo e trabalhar pesado, quanto pode relaxar na frente da televisão, sentado em uma poltrona e esperar que as coisas melhorem por si mesmas.

> Que não nos contentemos em esperar para ver o que acontecerá, mas que tenhamos a determinação de fazer as coisas certas acontecerem.
>
> –
>
> Peter Marshall

A Bíblia nos aconselha a aprendermos lições importantes com uma espécie surpreendente: as formigas. Dentre a criação, as formigas são as criaturas mais engenhosas. Elas fazem o seu trabalho sem que haja supervisão, sem enrolar ou hesitar. Nós deveríamos fazer da mesma forma. Quando os dias são difíceis, precisamos de coragem e determinação, trabalhando para sair do problema.

Deus criou um mundo no qual a diligência é recompensada, e a preguiça não. Portanto, aquilo que você escolher fazer, faça com compromisso, vontade e vigor. Deus não o criou para uma vida de mediocridade ou dor; ele o criou para coisas muito maiores. Agora, alcançar as coisas maiores e vencer os dias difíceis requer trabalho, muito trabalho. E é isso que Deus deseja de nós. Afinal de contas, ele sabe que você está disposto para a tarefa, e ele ainda tem grandes planos para a sua vida. Grandes planos...

"Pois o Reino de Deus não consiste de palavras, mas de poder."

—

1Coríntios 4.20

COMO VENCER OS TEMPOS DIFÍCEIS

"Portanto, estejam com a mente preparada, prontos para agir; estejam alertas e coloquem toda a esperança na graça que lhes será dada quando Jesus Cristo for revelado."

1Pedro 1.13

"Portanto, sejam praticantes da palavra, e não apenas ouvintes."

Tiago 1.22

"Quem é sábio e tem entendimento entre vocês? Que o demonstre por seu bom procedimento, mediante obras praticadas com a humildade que provém da sabedoria."

Tiago 3.13

"O prudente percebe o perigo e busca refúgio; o inexperiente segue adiante e sofre as consequências."

Provérbios 27.12

ONDE VOCÊ ESTIVER, TRABALHE FIRME

Onde quer que você esteja, seja qual for o trabalho que você realize, faça com todo o seu coração. Quando fizer isso, certamente receberá o reconhecimento das pessoas a sua volta. Agora, o mais importante é que Deus abençoará os seus esforços e usará sua vida do modo que só ele sabe fazer. Por isso, trabalhe com foco e dedicação. E deixe o resto nas mãos de Deus.

HORA DE SE OCUPAR

A ação surge não de um pensamento, mas de uma disposição pela responsabilidade.

Dietrich Bonhoeffer

A lógica não mudará uma emoção, mas a ação é capaz de fazer isso.

Zig Ziglar

As pessoas vivem por seus atos, e não por suas ideias.

Harry Emerson Fosdick

Deus tem muitos amigos que desejam fazer algo por ele algum dia. O que ele mais precisa é de pessoas que estejam dispostas a fazer algo por ele hoje.

Marie T. Freeman

Paulo fez uma coisa. A maioria de nós se envolve em quarenta coisas. Você é um dos que faz ou dos que se atrapalha?

Vance Havner

Ore como se tudo dependesse de Deus, e trabalhe como se tudo dependesse de você.

Anônimo

UM CONSELHO PARA OS DIAS DIFÍCEIS

Escolha hoje uma obrigação importante que você tem deixado de lado. Em seguida, dê pelos menos um passo na direção de completar uma tarefa da qual tem fugido. Mesmo que não termine o trabalho, você descobrirá que é mais fácil terminar algo que começou a fazer do que terminar algo a que nem deu início.

QUESTÕES PARA REFLETIR

Quando tenho tarefas a fazer, geralmente termino ou fico enrolando e deixando para depois?

Acredito que meu testemunho seja mais poderoso quando as ações acompanham as minhas palavras?

Vejo hipocrisia quando uma coisa é dita, mas outra é feita? E me esforço para que não haja distância entre o que digo e o que faço?

UMA ORAÇÃO

Pai Celestial, quando eu estiver com temor, me faça lembrar que o Senhor é o meu protetor e a minha salvação. Dê-me força e coragem, Senhor, para enfrentar os desafios deste dia. Amém.

Capítulo 28

HORA DE RENOVAR

*"Darei a vocês um coração novo
e porei um espírito novo em vocês."*

—

Ezequiel 36.26

COMO VENCER OS TEMPOS DIFÍCEIS

Em muitas ocasiões as demandas do dia a dia podem roubar de nós a força e a alegria que recebemos de Cristo. Quando nos sentimos cansados, desencorajados ou piores do que isso é importante lembrar que existe uma fonte na qual podemos buscar forças para recarregar nossa bateria espiritual. Esta fonte é Deus.

Sua bateria espiritual está descarregando? Sua energia está na reserva? Você está emocionalmente ferido? Se estiver, é tempo de voltar os seus pensamentos e as suas orações para o seu Pai Celestial. Quando fizer isso, ele suprirá as suas necessidades e restaurará a sua alma.

> Deus é especialista em coisas novas. Seus planos para você neste ano podem ser maiores do que os do ano passado. Ele está preparado para encher os seus dias com muitas razões para que você possa louvá-lo.
>
> —
>
> Joni Eareckson Tada

"Aquele que estava assentado no trono disse: 'Estou fazendo novas todas as coisas!' E acrescentou: 'Escreva isto, pois estas palavras são verdadeiras e dignas de confiança.'"

Apocalipse 21.5

HORA DE RENOVAR

"Quando a ansiedade já me dominava no íntimo, o teu consolo trouxe alívio à minha alma."

Salmo 94.19

"Cria em mim, ó Deus, um coração puro, e renova dentro de mim um espírito estável. Não me expulses da tua presença, nem tires de mim o teu Santo Espírito. Devolve-me a alegria da tua salvação e sustenta-me com um espírito pronto a obedecer."

Salmo 51.10-12

"Em verdes pastagens me faz repousar e me conduz a águas tranquilas; restaura-me o vigor. Guia-me nas veredas da justiça por amor do seu nome."

Salmo 23.2-3

ENTENDENDO A DEPRESSÃO

Ao longo de nossa vida enfrentamos perdas que parecem abalar a nossa esperança. A tristeza que acompanha tais momentos é um fato inescapável da vida. Com o tempo, contudo, passamos pelo luto, a tristeza começa a diminuir e o curso da vida volta ao normal. Depressão, no entanto, é mais do que uma tristeza... muito mais.

Depressão é uma condição física e emocional que, na maior parte dos casos, é tratada com medicação e terapia. Não é uma doença com a qual possamos lidar como se fosse um probleminha qualquer. Se deixada de lado, a depressão pode apresentar perigo real e intenso à saúde física do paciente, assim como ao seu bem-estar emocional.

Se você está se sentindo triste, talvez seja uma resposta lógica aos desapontamentos da vida cotidiana. Contudo, se os seus sentimentos de tristeza têm perdurado mais do que você acha que deveriam – ou se alguém próximo sente que a sua tristeza avançou de estágio para uma depressão –, então é hora de buscar ajuda profissional.

Aqui vão alguns conselhos simples para ajudá-lo a pensar na possibilidade de buscar ajuda profissional e fazer uso de medicamentos:

1. Se os seus sentimentos de tristeza resultaram numa mudança persistente e prolongada no seu sono, ou se você está experimentando uma mudança significativa no seu peso (ganhando ou perdendo), procure um médico.

2. Se você persiste em ter comportamentos autodestrutivos, ou acha que perdeu a vontade de viver, consulte um terapeuta e um médico imediatamente.

3. Se alguém em quem você confia está implorando que você busque apoio terapêutico, marque uma sessão com um profissional capacitado para que ele avalie sua condição.

4. Se você sofre com sentimentos prolongados, intensos e consistentes de desesperança, então marque uma consulta com um médico, com um psicólogo ou com o seu pastor.

A Palavra de Deus tem muitas coisas a dizer acerca de cada aspecto da sua vida, incluindo sua saúde emocional. E quando você enfrentar problemas de qualquer natureza – o que inclui os sintomas de depressão –, lembre-se de que Deus está ao seu lado. O seu Criador deseja que a alegria dele se torne sua também. Mesmo assim, por causa das circunstâncias inevitáveis do dia a dia, às vezes você rejeitará – ainda que temporariamente – a alegria de Deus.

Portanto, se você estiver se sentindo verdadeiramente deprimido, confie na capacidade do seu médico para fazer o que ele sabe fazer. Em seguida, coloque sua confiança máxima no seu bondoso Pai Celestial. Seu toque curador, assim como o seu amor, dura para sempre.

COMO VENCER OS TEMPOS DIFÍCEIS

Ele é o Deus da plenitude e da restauração.

Stormie Omartian

O arrependimento remove pecados antigos e atitudes erradas e abre o caminho para o Espírito Santo restaurar a nossa saúde espiritual.

Shirley Dobson

Deus nos dá permissão para perdoar o passado e entendimento para viver o presente. Ele disse que não se lembraria mais dos nossos pecados. (Salmo 103.11-12)

Serita Ann Jakes

A caminhada com Deus nos conduz para que recebamos os seus conselhos, e os seus conselhos nos conduzem à restauração.

John Eldredge

UM CONSELHO PARA OS DIAS DIFÍCEIS

Deus deseja encher a sua vida de paz e renovar o seu espírito. Cabe a você desacelerar e dar a ele a chance de operar.

QUESTÕES PARA REFLETIR

Acredito que Deus pode fazer novas todas as coisas – incluindo a mim mesmo?

Separo um tempo todos os dias para me aquietar e deixar Deus me dar perspectiva e direção?

Entendo a importância de ter uma boa noite de sono?

UMA ORAÇÃO

Pai, o Senhor é a minha rocha e a minha força. Quando eu estiver cansado, quero que os meus pensamentos e as minhas orações estejam no Senhor. Quando eu estiver desencorajado, quero que a minha fé seja renovada no Senhor. Que eu sempre confie em suas promessas, ó Pai, e que nelas eu encontre a força necessária para cada dia. Que o seu eterno amor me renove. Amém.

Capítulo 29

UM RENOVADO
SENSO DE PROPÓSITO

*"Tu me farás conhecer a vereda da vida, a alegria
plena da tua presença, eterno prazer à tua direita."*

—

Salmo 16.11

COMO VENCER OS TEMPOS DIFÍCEIS

Se você está passando por mudanças inesperadas, deve estar se fazendo a seguinte pergunta: "O que Deus espera que eu faça em seguida?" Talvez esteja questionando seu futuro, pensando na incerteza de seus planos e esteja inseguro sobre os próximos passos. Mesmo que não tenha um plano claro para o próximo passo da jornada de sua vida, você precisa descansar confiando no fato de que Deus tem.

Deus tem um plano para o universo, e ele tem um plano para você também. Ele conhece esse plano de forma tão perfeita quanto conhece você. Se você buscar a vontade de Deus orando com intensidade e fervor, ele fará com que esse plano lhe seja revelado no tempo de Deus e de acordo com a vontade dele.

Você deseja sinceramente descobrir o propósito de Deus para a sua vida? Para isso, primeiro é necessário estar disposto a viver de acordo com os seus mandamentos. Você precisa também estudar a Palavra de Deus e estar atento aos seus sinais. Finalmente, você deve se abrir para o Criador diariamente – a começar por hoje – e ter fé de que ele revelará seu plano a você.

> Deus fará com que os obstáculos sirvam aos seus propósitos.
>
> —
>
> Mrs. Charles E. Cowman

UM RENOVADO SENSO DE PROPÓSITO

Talvez sua visão com relação ao plano de Deus para a sua vida esteja embaçada por causa de alguma lista de desejos que você gostaria que Deus respondesse. É possível também que você esteja esperando fervorosamente que Deus crie um mundo novo que se revele de acordo com a vontade do seu coração, e não com a vontade dele. Se você espera por isso, provavelmente tem experimentado mais desapontamento do que satisfação e mais frustração do que paz. Uma estratégia muito melhor é se conformar à vontade de Deus (e não lutar em vão para conformar o Senhor aos seus planos).

Os planos e os propósitos de Deus podem, algumas vezes, parecer muito claros para você. Se este é o caso, siga adiante. No entanto, em alguns momentos Deus pode conduzi-lo pelos caminhos do deserto, até que ele o leve à Terra Prometida. Portanto, seja paciente e continue a buscar o Senhor e a vontade dele para a sua vida. Quando fizer assim, você ficará maravilhado com as coisas incríveis que um Deus Todo-poderoso e onisciente pode fazer.

COMO VENCER OS TEMPOS DIFÍCEIS

"Assim, quer vocês comam, bebam ou façam qualquer outra coisa, façam tudo para a glória de Deus."

1Coríntios 10.31

"Vocês todos são filhos da luz, filhos do dia. Não somos da noite nem das trevas. Portanto, não durmamos como os demais, mas estejamos atentos e sejamos sóbrios."

1Tessalonicenses 5.5-6

"Ele é a imagem do Deus invisível, o primogênito sobre toda a criação."

Colossenses 1.15

"Para tudo há uma ocasião certa; há um tempo certo para cada propósito debaixo do céu."

Eclesiastes 3.1

"Irmãos, não penso que eu mesmo já o tenha alcançado, mas uma coisa faço: esquecendo-me das coisas que ficaram para trás e avançando para as que estão adiante, prossigo para o alvo, a fim de ganhar o prêmio do chamado celestial de Deus em Cristo Jesus."

Filipenses 3.13-14

UM RENOVADO SENSO DE PROPÓSITO

Por detrás de cada problema existe um propósito fiel.

C. H. Spurgeon

Quando a soberania de Deus nos leva a um lugar qualquer, é para que a nossa vida ganhe um novo rumo. Não é o final dela.

Charles Swindoll

Sejam quais forem as nuvens que você atravessa hoje, peça a Jesus, a luz do mundo, que o ajude a olhar para além delas e ver a glória de Deus, bem como os planos dele para sua vida.

Billy Graham

UM CONSELHO PARA OS DIAS DIFÍCEIS

Talvez você esteja ansioso para entender o propósito de Deus a ser revelado em sua vida. Se estiver, lembre-se de que o Senhor opera a partir de um cronograma perfeito. Este cronograma é dele, e não seu. Por isso, seja paciente. Deus pode ter algumas lições para ensinar-lhe antes que você esteja plenamente preparado para fazer a vontade do Senhor e cumprir o propósito dele.

QUESTÕES PARA REFLETIR

Eu entendo a importância de descobrir
(ou redescobrir, se necessário) o propósito de
Deus para a minha vida?

Consulto a Deus para saber sobre coisas
grandes e pequenas da vida?

Oro pelos meus planos futuros e permaneço
aberto para as oportunidades e desafios que
Deus coloca diante de mim?

UMA ORAÇÃO

*Senhor, que os seus propósitos sejam os meus
propósitos. Que as suas prioridades sejam as
minhas prioridades. Que a sua vontade seja a
minha vontade. Que a sua Palavra seja o
meu guia. E que eu cresça em fé e
sabedoria hoje e sempre. Amém.*

Capítulo 30

SIGA JESUS

"Então Jesus disse aos seus discípulos: 'Se alguém quiser acompanhar-me, negue-se a si mesmo, tome a sua cruz e siga-me. Pois quem quiser salvar a sua vida, a perderá, mas quem perder a sua vida por minha causa, a encontrará.'"

—

Mateus 16.24-25

COMO VENCER OS TEMPOS DIFÍCEIS

Jesus anda com você. E quanto a você? Está caminhando com ele sete dias por semana ou apenas aos domingos? Você é um cristão todos os dias, levando a sua fé para o trabalho, ou é daqueles que preferem manter uma distância segura de Jesus quando não está na igreja? Espero que você tenha a sabedoria de entender a importância de caminhar com Jesus diariamente.

Jesus o amou de tal maneira que suportou humilhante sofrimento e dor por você. Como responder ao sacrifício de Cristo? Você tomará a sua cruz e o seguirá – nos dias bons e nos dias maus – ou escolherá outro caminho a seguir? Quando a sua esperança é depositada aos pés da cruz e Jesus se torna o centro da sua vida, você é abençoado.

> Você que sofre, fique tranquilo. Jesus é a resposta para o nosso sofrimento.
>
> —
>
> Billy Graham

Você busca fazer valer os planos de Deus para a sua vida? Busca plenitude espiritual? Deseja desfrutar da "paz que excede todo entendimento"? Então, siga Cristo. Siga Jesus ao tomar a sua cruz, hoje e em cada dia da sua vida. Quando você fizer isso, logo descobrirá que o amor de Jesus Cristo tem o poder de mudar todas as coisas, inclusive você.

"Jesus dizia a todos: 'Se alguém quiser acompanhar-me, negue-se a si mesmo, tome diariamente a sua cruz e siga-me.'"

Lucas 9.23

"Ninguém pode servir a dois senhores; pois odiará um e amará o outro, ou se dedicará a um e desprezará o outro."

Mateus 6.24

"E quem não toma a sua cruz e não me segue, não é digno de mim. Quem acha a sua vida a perderá, e quem perde a sua vida por minha causa a encontrará."

Mateus 10.38-39

SUA JORNADA ETERNA

A vida eterna não é um evento que começa quando você morre. Ela começa quando você convida Jesus a entrar em seu coração aqui na terra. Portanto, é importante lembrar-se de que os planos de Deus para a sua vida não estão limitados aos altos e baixos que você enfrenta diariamente. Se você permitiu a Jesus ser o rei do seu coração, a sua jornada espiritual já começou.

COMO VENCER OS TEMPOS DIFÍCEIS

Por isso, dê hoje mesmo louvor ao Criador por seu inestimável presente, o dom da vida eterna. Em seguida, quando tiver dado graças e louvores a ele, compartilhe as suas boas-novas com todos aqueles que atravessarem o seu caminho.

Jesus Cristo não é a segurança das tempestades. Ele é a nossa segurança nas tempestades.

Kathy Troccoli

Às vezes nos sentimos cansados por causa dos fardos da vida, mas sabemos que Jesus Cristo nos encontrará no final da jornada. E isso faz toda a diferença.

Billy Graham

O Senhor tira os seus melhores soldados dos vales da aflição.

C. H. Spurgeon

Deus nos faz passar por dificuldades e lutas para que possamos sair delas ainda mais comprometidos com ele.

Charles Swindoll

UM CONSELHO PARA OS DIAS DIFÍCEIS

Seguir Jesus Cristo é uma questão de obediência. Se você deseja ser um pouco mais parecido com Jesus... aprenda sobre os seus ensinos, siga os seus passos e obedeça aos seus mandamentos.

QUESTÕES PARA REFLETIR

Verdadeiramente acredito que a minha relação com Jesus deve ser de servo e Mestre? Eu me comporto como um servo?

Estou tentando seguir os passos de Cristo, a despeito de minhas imperfeições?

Tenho uma sensação de alegria abundante quando sigo Cristo?

UMA ORAÇÃO

Senhor Jesus, porque sou seu discípulo, quero confiar totalmente no Senhor, obedecer aos seus mandamentos e compartilhar as boas-novas. O Senhor me deu vida abundante e vida eterna, e eu quero segui-lo hoje e sempre. Amém.

"O SENHOR é a minha força e a minha canção; ele é a minha salvação!".

—

Êxodo 15.2